張伯駒的前半生

靳飛　著

商務印書館

責任編輯　徐昕宇

裝幀設計　涂　慧

責任校對　趙會明

排　　版　高向明

印　　務　龍寶祺

張伯駒的前半生

作　　者　靳　飛

出　　版　商務印書館（香港）有限公司

　　　　　香港筲箕灣耀興道 3 號東滙廣場 8 樓

　　　　　http://www.commercialpress.com.hk

發　　行　香港聯合書刊物流有限公司

　　　　　香港新界荃灣德士古道 220-248 號荃灣工業中心 16 樓

印　　刷　中華商務彩色印刷有限公司

　　　　　香港新界大埔汀麗路 36 號中華商務印刷大廈

版　　次　2022 年 8 月第 1 版第 1 次印刷

　　　　　© 2022 商務印書館（香港）有限公司

　　　　　ISBN 978 962 07 4630 7

　　　　　Printed in China

張伯駒的前半生

目

錄

上　卷

下　卷

上

卷

張伯駒的家世

張伯駒於 1898 年 2 月 12 日（光緒二十四年戊戌正月二十二日），出生在河南省陳州府項城縣（今周口市下轄項城市）秣陵鎮閻樓村。譜名家騏，字伯駒，後以字行。初號凍雲樓主，30 歲後改號叢碧，別署展春主人、好好先生、遊春主人等。

伯駒家世寒儉，數代書香。祖父張瑞禎，字恩周，又字雨延，生年不詳，1894 年（光緒二十年）甲午科鄉試中舉，未仕，1896 年病逝。

張瑞禎有子鎮芳、錦芳及女兒數人。張錦芳即伯駒生父，約出生於 1874 年（同治十三年），字絅庵，曾參加科舉，科名不詳，清末任職度支部郎中，官正五品；民國初期，出任第一屆國會（1913 年 4 月—1914 年 1 月）眾議院河南省議員，旋即歸隱鄉間，樂善好施，熱心公益，尤為鄉里稱道。1940 年病逝後，其鄉曾為其建《絅庵先生紀念碑》，稱其"自清末逮至民國初元，汝南開辦一切公益，得公贊助之力居多，其他排難解紛，造福於汝人者，殆不可以數計。"張錦芳還曾主持編修《項城縣誌》（1911 年石印本），著有詩集《修竹齋引玉詠》。

錦芳妻崔氏生年不詳，逝於 1950 年底。育有二子二女，長子家騏即伯駒，次子家駼，女月娥、月蓮。月娥婚後即去世。家駼約在 1925 年病故，年 24 歲。張月蓮生於 1902 年 5 月，後更名家芬，嫁劉永慶（晚清官員，袁世凱嫡系，曾署江北提督）之子沛鴻為妻，有子女四人。劉沛鴻於 1932 年亡故。

錦芳另有側室數人，其一名楊慧仙，育有一子名家駿。

張伯駒幼年過繼伯父張鎮芳為嗣子，改稱錦芳崔氏夫婦為叔嬸。

張鎮芳字馨庵，又作心庵，號芝圃。生於同治二年癸亥十二月二十八日（按：推算應為 1864 年），少年師從同鄉名儒余連尊，以擅作八股文著稱於鄉里。1885 年（光緒十一年）乙酉科以優廩應試，考選拔貢，同年連捷，鄉試中舉；1892 年（光緒十八年）考取壬辰科第三甲第九十一名進士，簽分戶部陝西司主事。1895 年、1896 年相繼丁母憂、父憂，回籍守孝。伯駒即出生於張鎮芳在鄉服喪居住期間。

1900 年（光緒二十六年），張鎮芳服滿返京，恰逢“庚子事變”。張鎮芳追隨慈禧皇太后、光緒皇帝奔逃西安，次年隨駕回鑾，仍返戶部供職。

1901 年 11 月 7 日李鴻章病逝，袁世凱繼任李職，擢署直隸總督兼北洋大臣，躍居晚清政壇高位。張鎮芳有姊嫁袁世凱同父異母兄袁世昌為妻，遂以同鄉兼姻親身份攀附袁氏。

1902 年 10 月（光緒二十八年九月），經袁世凱奏調，張鎮芳由戶部赴直隸任職，從此平步青雲，漸成袁氏北洋政治軍事集團之中堅人物，深受袁氏信任與重用。張伯駒家乃因張鎮芳發跡而徹底換門庭。

張鎮芳妻智氏，無出，即張伯駒嗣母，1918 年病歿於天津。張鎮芳側室有孫善卿、李福仙等數人，皆無子嗣。

附　張家的科場舞弊案

張鎮芳考取光緒十八年壬辰科進士，該科以翁同龢為正主考官，祁世長等為副主考，孫家鼐、貴恆等為教習。同科進士中著名人物頗多，如周學銘、趙啟霖、湯壽潛、蔡元培、張元濟、朱家寶、沈寶琛、楊士晟、孫多玢、胡嗣瑗等，可見這一科的整體水平較高。

張瑞禎心猶不足，又期盼幼子錦芳也能步兄長後塵求取功名。遂親自攜錦芳參加 1894 年光緒甲午科鄉試，父子兩人膽大妄為，公然在科場中舞弊，而且居然獲得成功，豈料結果卻是令人啼笑皆非。

張伯駒《春遊瑣談》之《科場換卷》記：

> 先祖（張瑞禎）與先叔（張錦芳）甲午科同入場，先祖盼子功名心切，以為先叔卷無取中望，以己卷換之，榜發，先祖竟獲中。

張瑞禎自以為老練，與錦芳互換考卷，哪知弄巧成拙，反倒是自己憑藉了兒子的試卷得中舉人，錦芳則因用父卷而名落孫山。

張瑞禎應是為此羞慚不已，其尷尬抑鬱可想而知。甲午鄉試之後，張瑞禎夫婦竟相繼病逝，不能不疑與此次科場舞弊失敗相關。

張伯駒文中揶揄祖父云：

> 林貽書（林開謨）、袁玨生（袁勵准）、冒鶴亭（冒廣生）先生，皆與先祖是科同年。其實余應晚其一輩，因是余晚兩輩矣，見面只有以太年伯稱之。

張鎮芳之才幹

　　張鎮芳以同鄉兼姻親關係攀附袁世凱而於清末民初之際飛黃騰達，世人多以此詬病之，段祺瑞即曾嘲諷張為"黃帶子"，其實此論未必公允。

　　袁世凱親信幕僚張一麐著《心太平室集》有云，袁氏"所用無私人，族戚來求食者，悉以己俸食給月廩，不假事權"；更況袁世凱與長兄袁世昌不睦，傳言曾一度失和。

　　袁世昌字裕五，係袁保中長子，庶出，終身在鄉，耕讀為生。袁世凱則係袁保中第四子，亦庶出，幼年過繼袁保中之弟保慶為嗣子，隨保慶宦遊在外，與世昌弟兄間至為疏遠。

　　袁世昌有子三人：克明、克暄、克智。克明字伯達，袁世凱洪憲稱帝前後，曾以袁氏長門長孫資格來京討封，寄寓張鎮芳宅年餘，頗為袁世凱所冷落，最終無功返鄉。克暄留學美國，民國時期在外交部擔任過要職，較為出色。克智情況不詳。

　　袁世昌父子經歷尚且如此，張鎮芳僅以世昌妻弟而獨獲袁世凱另眼相看，豈非怪哉？由此可知，張鎮芳亦必確有過人之處。

　　袁世凱之初任直督，厲行新政，創辦各項事業均需投入大筆經費。袁氏因而提出，"庶政繁巨，百廢待興，而辦事以籌款為先，人才以理財為亟"，其招致經濟能員，較之網羅政治、軍事人才更為迫切。袁氏北洋集團之理財骨幹，初期代表人物包括唐紹儀、劉永慶、周學熙、凌福彭、張鎮芳、孫多森、孫多鑫、王錫彤、梁士詒、毛慶蕃、陸嘉穀等，亦即北洋系財閥，張鎮芳又係其中較受袁氏信任者。

張鎮芳任職戶部多年，擅長傳統理財。其於 1902 年 10 月（光緒二十八年九月）調入直隸後，先任北洋銀元局會辦，1903 年 8 月受委總辦永平七屬鹽務，頗得袁世凱賞識。在袁氏支持下，張鎮芳為加快仕途步伐，1903 年 12 月報捐候補道，一年後加捐指分直隸試用，袁氏隨即對張加以奏保，奉旨交部從優議敍。1905 年 3 月 28 日（光緒三十一年二月二十三日），張鎮芳入京由吏部帶領引見，奉旨 “照例發往” 直隸任職。1906 年初，袁世凱再次奏請朝廷對張鎮芳予以嘉獎，其《道員張鎮芳請飭交軍機處存記片》云：

> 查永屬鹽務，自道光年間改官運，廢弛五十餘年，久成弊藪。臣（袁世凱）於二十九年奏准派員試辦，經該道（張鎮芳）悉心籌度，剔除弊竇，體恤民艱，杜絕私銷，均平價值，自二十九年七月至三十年年底，已得餘銀十餘萬兩；自三十一年正月至年底止，又得餘利銀十餘萬兩。際茲庫帑奇絀，該道竭力經營，得此巨款，洵屬有裨國計。

經袁督力薦，張鎮芳很快接替凌福彭，升署長蘆鹽運使。1907 年（光緒三十三年）秋，袁世凱改授軍機大臣兼外務部尚書，楊士驤接署直督。相隔兩月餘，楊士驤以密摺奏保張鎮芳稱：

> 數年前臣（楊士驤）在直隸藩司任內與之共事，即已深佩

其才。該員（張鎮芳）現署長蘆運司，整頓引課，綱情翕然，鹵務當日有起色。溯查長蘆自遭兵燹，灘鹽、坨鹽先為俄法佔踞，雖經設法以巨款贖回，而外人窺伺垂涎，時須防範。曾有日商購永屬石碑場灘鹽，運往海參崴等處銷售，以圖嘗試，該員嚴詞拒絕，得以保我利權。其從前經管沿海漁業，陸軍糧餉，調度得法，綜核靡遺，猶其餘事。當此舉行新政，百廢待興，款絀用繁，理財是亟，人才難得。若該員之精於計學，成績昭然者，實為不可多得之員。臣知之既稔，不敢壅於上聞。

楊士驤密摺奏保復隔兩月餘，1908 年 2 月 26 日（光緒三十四年正月二十五日），張鎮芳奉旨實授長蘆鹽運使，官至從三品，正式躋身直隸地方大員之列。張鎮芳亦不負袁、楊兩督期許，其任職長蘆期間，長蘆鹽稅高達五百七十萬兩白銀，約居直隸全省歲入三分之一，成為北洋集團第一經濟支柱。

張鎮芳之貪腐

　　張鎮芳之理財能力，既用於北洋，亦用於自家，其調任直隸僅三、四年，宦囊迅速豐厚。1907 年春，項城縣創建百塚鋪師範學堂，張鎮芳捐銀三萬兩，手筆之大，儼然富家翁矣。然張鎮芳之貪腐，亦是當時官場風氣。陳寅恪論晚清政局清流濁流之分云：

　　　　同光時代士大夫之清流，大抵為少年科第，不諳地方實情及國際形勢，務為高論。由今觀之，其不當不實之處頗多。但其所言，實中孝欽后（慈禧）之所忌，卒黜之殺之而後已。

又：

　　　　清流士大夫，雖較清廉，然殊無才實。濁流之士大夫略具才實，然甚貪污。

陳寅恪各舉其代表人物云：

　　　　自同治至光緒末年，京官以恭親王奕訢、李鴻藻、陳寶琛、張佩綸等，外官以沈葆楨、張之洞等為清流；京官以醇親王奕譞、孫毓汶等，外官以李鴻章、張樹聲等為濁流。至光緒迄清之亡，京官以瞿鴻禨、張之洞等，外官以陶模、岑春煊等為清流；京官以慶親王奕劻、袁世凱、徐世昌等，外官以周馥、楊士驤等為濁流。

張鎮芳既為袁世凱、楊士驤之政治追隨者，同屬濁流陣營，誠如陳寅恪所論，"略具才實，然甚貪污。"

張伯駒《續洪憲紀事詩補註》記楊士驤：

項城（袁世凱）入軍機，向慶王奕劻保薦楊士驤繼任直隸總督。楊性貪婪，極懼內，不敢納妾。曾自為聯云："平生愛讀貨殖傳，到死不知綺羅香。"……士驤又喜唱二黃，有專事伺候之琴師。吾友陳鶴蓀曾為其文案，即專陪其公餘清唱者。……楊歿於直督任，予諡文敬。有人為聯云："曲文、戲文，所以為文；冰敬、炭敬，是之謂敬。"

張伯駒《春遊瑣談》之《嘎雜子》又記云：

楊士驤繼袁世凱任直隸總督，性貪婪。時廣東蔡紹基任海關道，缺至肥美。楊時恫嚇之，繼以謾罵。先君（張鎮芳）時攝長蘆鹽運使，與楊為同年，嘗勸之曰："彼亦道員，時謾罵似於禮貌稍遜。"楊曰："老同年不知也，小罵則衣裘綢緞來矣，大罵則金銀器皿來矣，是以不能不罵。"

張伯駒記錄略有差誤，張鎮芳與楊士驤非同年，而是與士驤之兄楊士晟同為壬辰科進士。張鎮芳時署長蘆鹽運使，同樣"缺至肥美"，想來其在楊督處之花費，不應弱於蔡紹基。

張伯駒的天津童年

1904 年（光緒三十年）冬，河南大旱，時任巡撫的陳夔龍在其所著的《夢蕉亭雜記》裏記，"大河南北數千里，望雪孔殷"，百姓紛紛外出投親靠友以避災荒。張伯駒的故鄉項城縣，地處豫皖交界，偏僻閉塞，人多地少，土地貧瘠，物產不豐。《項城縣誌》所謂"年豐則穀賤傷農，年嗇則十室九匱。"遇此災年，又值伯駒虛齡七歲，已到讀書年齡，其家遂送伯駒北上，依嗣父母張鎮芳夫婦居住生活。此時，張鎮芳正任職總辦永七鹽務，駐灤州；所以，張伯駒婿樓宇棟據伯駒生前敍述所擬的《張伯駒小傳》記述說："伯駒七歲由家鄉至灤州省父"。

張伯駒《關於劉張家芬訴分產事答辯之一》亦記：

> 在我七歲時，我叔父（張錦芳）把我帶到灤州，過繼於我父親（指張鎮芳。原註：這時我父親在灤州當鹽務總辦）。

次年，張鎮芳報捐候補道指分直隸試用後，舉家移居天津，伯駒隨嗣父母住在東馬路東側南斜街寓所。其後，張鎮芳升署鹽運使，其長蘆鹽運使衙門在東門內大街北側，即後來運署西街小學和北門里小學位置，距南斜街不遠，張家遂未再搬遷。

天津是中國近代崛起城市之在北方最具代表者，工商業發展勢頭迅猛，人口幾近百萬，繁榮富庶，朝氣蓬勃。張氏父子所居的南斜街及鹽運使官署，都處在天津最為繁華的商業街區，與故鄉項城形成天壤之別。張伯駒初來乍到，抑或還帶着些許鄉間孩童的自卑，但是很快，又因其貴公子的新身份而迅速適應了新環境，越發倍感興奮。

張伯駒《紅毹紀夢詩註》記：

> 余七歲隨先君（張鎮芳）居天津南斜街，值端陽雨，乘東洋車（伯駒原註：後稱人力車，鐵輪，座為椅，前兩木把，人於中挽之），遮油布，不能外視。車把上插黃藍野花，以示過節。直駛下天仙茶園觀戲，大軸為楊小樓《金錢豹》，亮相奪叉，威風凜凜。大喊一聲"你且閃開了！"觀眾欲為奪魂，後大街小巷齊學"閃開了"不絕。此為余生平觀亂彈戲之首次，至今已七十年，其印象猶似在目前也。

吳小如先生《讀〈紅毹紀夢詩註〉隨筆》訂正：

> 伯老（張伯駒）生於 1898 年，虛歲七歲，則為 1904 年。所謂大喊"閃開了"云者，乃此戲豹精變俊扮武生之前所唸，非後場開打亮相扔叉時之台詞，伯老所記蓋略有誤。楊小樓 1937 年春，在北京長安戲院演《金錢豹》，乃彼最末一次演出此戲矣。大喊"閃開了"之後，穿開氅翻一虎跳下場，乾淨利落，精彩絕倫。劉曾復教授及王金璐兄皆藏有楊老在後台勾臉上妝照片，即是日所攝也。

吳小如亦誤。伯駒回憶所云之"七歲"，應係實歲，即 1905 年事。但伯駒所記時間仍誤，1904 年及 1905 年之端午，京津兩地無雨；伯駒之“端陽雨”，應係在 1906 年 6 月 27 日，即丙午年端午次日，則伯駒實齡已八歲。只是目前尚未發現有資料證明是日楊小樓在津演出，故難作最後判斷。又，伯駒所記之東洋車，興起於“庚子事變”之後，天津全市僅有數十輛，此時尚屬極為罕見。下天仙茶園，則已更名為下天仙舞台，以新式劇場為號召，安裝電燈，使用佈景，並非傳統之京劇演出場所。

透過此段回憶，可知伯駒彼時為天津城市之種種新奇見聞所深深吸引。包括京劇及楊小樓在內，都應以今日之流行藝術與明星視之，切不可以為伯駒乃是對於“傳統藝術”發生興趣。

張伯駒《春遊瑣談》裏有《五子》：

> 余七歲入家塾上學，始讀《三字經》，塾師命生記硬背，中“竇燕山，有義方，教五子，名俱揚”至今不忘，當時則不知其義。

此處之“七歲”，不易判斷為實歲、虛歲；也就是說，伯駒讀家塾係始於灤州抑或天津，尚無定論。事實則是，儘管伯駒童年深受天津之“新”的刺激，但其最初所受教育則仍是最為傳統的。張伯駒在回憶裏，多次嘲諷過昔時的塾師，足證他的興趣並不在於“傳統”。

張伯駒的童年，他在故鄉項城的經歷多已遺忘，其後來對於故鄉更多是一種文化認同；而在情感方面，伯駒一生中不斷到訪天津，愈老愈加頻繁。天津這座城市，對於張伯駒的特殊意義就在於，回到天津就意味着回到童年。

1973 年 1 月，已是風燭殘年的張伯駒路經天津南斜街舊宅，作有《西子妝慢》，前半闋云：

> 松墨塗鴉，竹枝戲馬，隔世已成雲霧。斜街門巷幾斜陽，過流年，不堪重數，歸來舊主。似相識，前時燕去，問平生，算出山泉水，鶯遷都誤。

其 "松墨塗鴉，竹枝戲馬" 句，顯然直認這段時期的天津生活就是自己的 "童年"。

袁世凱罷職風波

　　1908 年 11 月 14 日，光緒帝逝，15 日慈禧太后逝；宣統帝溥儀即位，以溥儀生父醇親王載灃為監國攝政王。載灃為首之滿清年輕親貴政治集團，與袁世凱之北洋集團一向是水火不容。1909 年 1 月 2 日，載灃以迅雷不及掩耳之勢發佈上諭，命袁世凱"開缺回籍養痾"，並宣佈自己代行陸海軍大元帥職權，親統禁衛軍；以載澤為度支部大臣兼鹽政大臣，載洵任籌辦海軍大臣，載濤任管理軍諮處事務大臣，蔭昌任陸軍大臣，軍權、財權悉由滿族親貴掌握。隨後，他們開始逐步清理中央及地方的袁世凱勢力，如唐紹儀、嚴修、楊度、倪嗣昌、梁士詒、王士珍等人，都不同程度受到排擠打擊。比較意外的是，張鎮芳既與袁氏關係親密，又任肥缺，卻沒有遭到迫害，而是繼續擔任長蘆鹽運使，直到武昌起義前夕。

　　袁世凱次子袁克文對此即予公開質疑。1920 年，袁克文在上海《晶報》發表連載《辛丙秘苑》，直接斥責張鎮芳為"反覆小人"。其文說：

　　　　宣統即位，張（鎮芳）度先公（袁世凱）將退休，乃亟拜載澤門，重金為贄，且以己之侵沒鹽款悉委諸先公。載澤喜，疏舉入鹽政處。先公罷政，與有力焉。內雖危害，見先公猶曰力相助也。

張家對於袁克文的指斥始終隱忍不言，直到伯駒晚年，才在所著《續洪憲紀事詩補註》[1] 裏批駁袁克文：

> 清末，項城聞開缺命，即於晚車戴紅風帽，獨坐包車，暗去天津，住英租界利順德飯店。直督楊士驤未敢往見，命其子謁項城，並贈銀六萬。先父（張鎮芳）往相晤，勸項城次晨即返京，速去彰德。先父兼任糧餉局總辦，有結餘銀三十萬兩未動，即以此款贈項城，為後日生計。先父在北洋，至辛亥迄任長蘆鹽運使，時管鹽政大臣澤公（載澤），見先父謂為袁黨，先父對曰：“不惟為袁黨，且有戚誼。”故先父紀事詩有“抗言直認層層黨”一語。後項城五子克權曾對余云，其父開缺時，五舅極為可感，但洪憲時卻不甚賣力。此事項城諸子稍年長者皆知之。

楊士驤任職直督時間不長，1909 年 6 月 27 日（宣統元年五月十日）即歿於任上。袁世凱潛至天津時，楊未往見，或許亦有身體的原因。袁克文與張伯駒雖各執一詞，但袁世凱與張鎮芳之間，當時則並未因這一事件而生嫌隙。1910 年春，袁世凱在河南彰德之養壽園竣工，邀請直督陳夔龍、直隸布政使凌福彭以及張鎮芳、袁世廉、王廉、吳保初、田文烈、丁象震、沈祖憲、王錫彤等親戚友好十餘人遊園，賦詩唱和。袁克文將當日詩作匯編為《圭塘唱

1　劉成禺、張伯駒：《洪憲紀事詩三種》，上海古籍出版社，1983 年。

和詩》刊行於世，集中所收袁世凱所作之《次張馨庵都轉賦懷見示韻》云：

> 人生難得到仙洲，咫尺桃園任我求。
> 白首論文思鮑叔，赤松未遇愧留侯。
> 遠天風雨三春老，大地江河幾派流。
> 日暮浮雲君莫問，願聞強飯似初不？

袁世凱詩既以廉頗自況，復以鮑叔讚張鎮芳，皆甚貼切。鮑叔一典，更是點明袁張之間通財事實，似可視作伯駒記錄之佐證。

新學書院及師從嚴修

　　袁世凱罷職後居住彰德期間，始終與張鎮芳保持密切聯繫。

　　1911年9月初，袁世凱命其長子袁克定送第四子克端、五子克權、六子克桓、七子克軫赴津，就讀於新學書院；並持受業門生帖謁見嚴修，袁氏函請嚴修"務祈視若猶子，切實訓誨，尤勿稍涉客氣。"

　　嚴修字範孫，是著名教育家，袁世凱摯友。1860年（咸豐十年）生，祖籍浙江，寄籍天津，進士及第後歷任翰林院編修、貴州學政、學部右侍郎等職。1910年4月因公開上書為袁世凱抗辯而被罷職開缺，返回天津後從事教育和社會公益。1929年逝世後，天津《大公報》發表社評《悼嚴範孫先生》稱："就過去人物言之，嚴氏之持躬處世，殆不愧為一代完人。而在功利主義橫行中國之時，若嚴氏者，實不失為一魯殿靈光，足以風示末俗。"

　　嚴修其家本天津鹽商富賈，但其以家資興辦教育，歷年虧累頗多；返津後偏逢鹽務風潮與橡膠風潮雙重打擊，處境狼狽，一時竟難以為繼。嚴修無奈急向袁世凱求助，袁氏立即函請長蘆鹽運使張鎮芳予以援手。僅從事後的結果來看，經張氏斡旋，嚴家減低損失，度過危機，嚴修為此親自登門向張鎮芳致謝，很是領情。從這一事件亦可看到，袁世凱肯以嚴修家事託付張鎮芳，仍是對張極為信賴。

新學書院全景　　　　　　　　　　張伯駒像

　　袁氏送子就讀於新學書院，似亦囑託張氏就近照顧。張鎮芳乃遣子伯駒同時入學，充任袁氏諸子伴讀。

　　袁氏諸子與伯駒所就讀之新學書院（TACC），係由倫敦公理會教派傳教士團體創辦的教會學校，位於天津法租界大沽路馬家口，1953 年在其原址改建天津市第十七中學。新學書院以培養英國商行僱員及海關、郵政職員為主，課程上特別重視英文，授課教師多由英國傳教士擔任，課程包括物理、化學、世界歷史、地理、數學等。校友齊世英云：“當時南開尚屬草創，天津社會上一般人士對新學書院的重視還遠超過對南開的注意。”

　　袁世凱之於教育，其對於傳統科舉制度固然不滿，對於彼時之新式教育亦多有批評。袁氏在為諸子事致嚴修函中即云：

　　　　適以時局日非，京津密邇，青年憂憤，易起風潮。調查南方各學校，頗乏完整，又大都傳染東洋習氣，多有囂張驕矜之風。

　　嚴修所持之教育思想，一向堅持“中學為體”，以“忠君、尊孔、

尚公、尚武、尚實"為宗旨。袁氏既以
子相託,自當是與嚴修有着同樣的理念。

嚴修對於袁氏諸子甚是熱心,親與
袁府家校校長徐毓生等人一起為之選定
漢文、英文教師,日常亦隨時加以督導
考察。張伯駒《續洪憲紀事詩補註》記:

嚴修像
《中華教育界》1935 年第 23 卷
第 3 期,1 頁

> 戒酒樓,為嚴範孫先生別墅,
> 昔在天津國民飯店對面。辛亥年
> 余及項城四、五、六、七諸子,同
> 肄業新學書院,下課即在此午飯,
> 範孫先生有時來視,並考問功課,訓勉有加。

嚴修亦曾在日記中多次記錄袁氏諸子等人的情況,其中有兩
次值得注意:

> 1911 年 10 月 1 日,同毓生、少明、張生、袁生往實習
> 工場,五鐘散。
> 1911 年 10 月 29 日,訪毓生並晤袁張諸生。

文中之"張生",即是張伯駒。

遺憾的是,袁氏諸子並伯駒入學不久即遇武昌起義爆發,繼而
因局勢複雜不得不避居河南彰德,未能完成新學書院學業;但張伯
駒直至晚年,猶以曾列嚴修門牆為榮。伯駒於《續洪憲紀事詩補註》
裏緬懷嚴氏詩云:

> 當年共立程門雪,猶憶春風戒酒樓。

張鎮芳署理直隸總督

1911 年 10 月 10 日，武昌起義爆發，袁世凱迅速作出"此亂非洪楊（太平天國）可比"的準確判斷，開始謀劃東山再起。10 月 14 日，清廷果然決定起用袁世凱為湖廣總督，督辦剿撫事宜，袁氏則多方周旋，遲遲不肯赴任。11 月 1 日，袁氏政敵監國攝政王載灃宣佈退歸藩邸，袁氏被任命為內閣總理大臣。11 月 13 日，袁世凱重返北京，全面接管政權。

1911 年這一年，也是張鎮芳命運的轉折之年。先是 4 月 23 日，張升任湖南提法使，官正三品，張卻一直拖延未肯及時赴湘。及至袁世凱授職鄂督，張馬上致函擁戴，云：

> 前日京津紛擾，及聞宮太保督辦剿撫事宜，人人歡忭，以為已有萬里長城。

袁世凱則覆函張氏，把自己的政治底牌交代給張，並緊急徵調張氏以三品京堂銜趕赴彰德，為袁辦理後路糧台，亦即出任袁氏的後勤司令。

值此歷史大動盪之際，張伯駒與袁氏諸子因身份特殊，也被迫結束新學書院學業，以"小亂居城，大亂居鄉"為由，被送往彰德躲避戰禍。《嚴修日記》1912 年 1 月 22 日載："袁總理令甥張生來辭行。"這應是伯駒離津赴豫的確切記錄。不過,據袁世凱子女們回憶,在他們抵達彰德之後,聽到傳言説,有人欲對袁氏家屬不利,於是,袁氏子女又分批返回天津。在此一過程中,伯駒與袁氏子女皆共同行動,從此亦可知道袁張兩家關係非同尋常。

1912 年 1 月 1 日,孫中山在南京宣告中華民國成立,宣誓就任臨時大總統;已經就任清廷內閣總理大臣的袁世凱見時機成熟,授意其黨羽藉革命黨人之勢發動"逼宮"。1 月 26 日,段祺瑞率北洋將領約五十人聯名通電清廷,武力威迫清帝退位。2 月 3 日,直隸總督兼北洋大臣陳夔龍見大勢已無可挽回,告病開缺,袁世凱立命張鎮芳返津署理直督。2 月 8 日,段祺瑞再次率北洋將領對清廷作最後通牒,聲稱即將揮師北上。張鎮芳即以署理直督名義領銜,率署理兩江總督張勳、署理湖廣總督段祺瑞、安徽巡撫張懷芝、山西巡撫張錫鑾、河南巡撫齊耀琳、吉林巡撫陳昭常、署理山東巡撫張廣建等,聯名奏請清廷實行共和制度。在段祺瑞、張鎮芳等文武官員交相施加壓力之下,1912 年 2 月 12 日,即宣統三年十二月二十五日,清隆裕皇太后以宣統帝之名頒佈退位詔書,結束了大清帝國 260 餘年統治。

民國中州第一家

1912 年（中華民國元年）3 月 10 日，袁世凱如願以償地在北京宣誓就任中華民國臨時大總統。張鎮芳亦以擁立之功，享衣錦還鄉之尊榮——於 3 月 15 日交卸署理直督，23 日擢升署理河南都督（即清之總督），10 月 28 日實授。1913 年 1 月 10 日，張氏兼任相當於清之巡撫的河南民政長，一人獨攬河南軍政大權，貴為中州第一家，達到其一生事業的頂點。

2 月 3 日，張鎮芳五十歲壽辰，袁世凱贈壽聯云：

> 五嶽齊尊，維嵩峻極；
> 百年上壽，如日中天。

這一聯來歷非凡，係胎於袁世凱五十壽辰時，北洋官報局總辦丁象震所贈袁之壽聯。丁聯是：

> 五嶽齊尊，維嵩曰峻極；
> 百年上壽，如日之方中。

丁聯用康熙帝題嵩山峻極宮的"維嵩峻極"四字，頌揚出身河南之袁氏；袁世凱轉以此聯贈張鎮芳，更可謂是意味深長。袁氏對張寄予厚望，期待張鎮芳能為其鞏固江東，以河南作為袁氏政權之根據地。

張鎮芳躊躇滿志，下車伊始，大肆鎮壓革命黨人，壓制輿論，積極擴編軍隊，倡導"豫人治豫"，竭盡全力為袁氏安定後院。張文彬主編《簡明河南史》[2]記述：

> 張鎮芳是一位舊官僚出身，思想反動，凡贊成共和、擁護革命的人物，無一不受到他的排斥和打擊，而清末的遺老遺少，卻受到重用，被委任為知府、知縣等官。這些人"非反對共和，即殘殺民黨；非品行惡劣，即營利小人"（原註：《大中民報》1912 年 7 月 19 日）。他們當權後，積極破壞州縣代議機構，進而捕殺革命黨人。1912 年 7 月下旬，張鎮芳曾指示暴徒闖入省議會，向議員開槍射擊，"登時擊傷議員 9 人，守衛隊 1 人，夫役 1 人"（原註：《自由報》1912 年 7 月 28 日）。各縣亦相繼搗毀議會，藉故屠殺革命黨人。到 1913 年"二次革命"失敗，河南被殘殺的革命者和進步青年約有萬人之多。他們還極力復舊，省內官場的擺設、禮儀，與清王朝時代沒有甚麼兩樣。府縣官員外出，依然是旗羅傘扇，高帽紅衣；縣令坐堂，照舊鳴炮擊點，打鼓排衙；往來拜客，名片上仍寫"花翎＊品銜"。在都督衙門的大堂上仍加"欽命""巴圖魯"等字樣。總之，河南官場中毫無民國氣象，資產階級爭得的一點點民主自由，也被張鎮芳破壞得蕩然無存。

張鎮芳的倒行逆施，濫殺無辜，尤為時論所不容；而張氏自恃

2　張文彬：《簡明河南史》，中州古籍出版社，1996 年。

有袁世凱撐腰,反是變本加厲。1912 年 4 月,河南寶豐大劉莊農民有號稱白朗者(又稱白狼)帶頭聚眾揭竿而起,標榜扶保大清,反對共和。張鎮芳對起義隊伍處置不當,輕率殺降,導致事態擴大到不可收拾的地步。杜春和撰《白朗起義》[3]記:

> 河南都督張鎮芳看到這種情況,極為焦灼,他指使河南陸軍第三旅旅長王毓秀改用"招撫收編"的詭計,誘騙農民隊伍就範。在敵人許以官職、金錢的引誘下,杜啟賓、秦椒紅等十多個首領動搖投降,先後去魯山受撫,被敵人全部殺害。杜啟賓等人被害後,他們的部眾紛紛投奔白朗,使白朗這支隊伍很快增加到五六百人。

在張鎮芳的刺激之下,白朗部隊快速壯大,至 1914 年 1 月,白朗軍攻陷安徽六安、霍山,隊伍總人數超過兩萬,戰馬千匹,竟成袁氏新朝的心腹大患。河南革命黨人也因張鎮芳之保守與強硬態度而義憤填膺,1913 年 7 月 1 日組織炸毀了開封火藥庫,以暴力對抗張氏之暴政。

袁世凱看到張鎮芳焦頭爛額,已無力收拾河南局面,只得在 1914 年 2 月 12 日電令張鎮芳離職。袁電云:

> 張督近為中外攻擊甚力,留之適足害之,不如避位以塞輿情,於公私為兩利也。

張鎮芳盛極而衰,督豫兩年,聲名狼藉,於 5 月間黯然返京,

此後即在政壇一蹶不振。作為其督豫的紀念，其子張伯駒後來卻因這一資格，得以列名所謂"民國四公子"之一，此亦可說是張氏父子失之東隅，收之桑榆乎？

張鎮芳創設鹽業銀行

張鎮芳督豫失敗，袁世凱對張遂再未予重用。張伯駒以為，這是出於張鎮芳不贊成袁世凱改行帝制的緣故。張伯駒《續洪憲紀事詩補註》云：

> 項城為帝制，先父初不贊成，彼此間至有隔膜。

張伯駒《鹽業銀行與我家》文亦云：

> 由於英、德兩個帝國政府，為了抵制日本獨霸中國的野心，慫恿袁世凱將共和改為帝制，袁曾與張（鎮芳）商量此事，張是清末的君主立憲派，對袁欲作皇帝，沒有表示積極支持，故袁後來再未作封疆大吏的安排。

張伯駒關於張鎮芳之記述，往往失之於為尊者諱，多不能客觀，即如此處之解釋，頗是牽強。平心而論，張鎮芳既無治理地方經驗，以其督豫經歷而言，其政治、軍事能力更不足以擔任封疆重任。

張鎮芳本人似亦有此自知之明，其自豫返京賦閒期間，仍以理財為專長，以此作為路徑謀求復出。張鎮芳積極聯絡滿清親貴那桐、豫親王福晉以及北洋故舊張勳等人，籌備設立商業銀行性質之

鹽業銀行。張鎮芳的基本主張是:

第一，各鹽運公司以可保證公債券，向銀行借貸;

第二，專賣局遇需款時，可向該行借貸，遇有盈餘，亦向該行存放，官運局亦然;

第三，證券、債券之發行付息償還，由該行經理之;

第四，遇有改良改造之必要，需購機器，創立製造廠，得預計成本餘利，呈明政府，由銀行發行公債;

第五，獨立營業，暫不與中央各銀行相混，其範圍以關於鹽業上之設備改良、匯兌、抵押、存放收付為限，對於國家，亦不負擔鹽業以外之義務。

張鎮芳的這一計劃，可稱是公私兼顧。公的方面，張氏非常敏銳地注意到，清末出現的銀行業將成為未來發展方向，但因外國銀行佔有先機，實力雄厚，扼制住中國政府的財政咽喉，同時亦壓制住中國民族資本的成長。中華民國成立後，改朝換代給中國的銀行業帶來難得機會，事實上，中國的銀行業也確實在上個世紀最初的二十年裏突飛猛進，達到了令一向驕傲的外國銀行不敢小覷的規模。因此，張氏提倡之鹽業銀行，填補了北方無中國本土商業銀行的空白;而其聯合財閥與軍閥合作的方式則有效推動了銀行業在中國的發展進程。

在私的方面，張鎮芳則是項莊舞劍，意在沛公，其目的似在藉鹽行攘奪政府財權。張伯駒《鹽業銀行與我家》文記:

> 張鎮芳鑒於北方沒有商業銀行，乃於 1915 年初向袁世凱建議，擬辦一個官商合股銀行，由於他久任長蘆鹽運使，

對鹽務熟悉，擬將政府所收鹽稅，納入這個銀行裏，因而取名為"鹽業"。經袁批准，交由財政部執行。這時第二次任財政總長的周學熙及其後任周自齊，均認為當時中央政府的收入，一向依靠關、鹽兩稅；而海關以賠款的關係，稅收控制在外國人手裏，尚須仰人鼻息，方能得到一些款項，假若鹽業銀行成立，由張鎮芳主持，財政總長就指揮不靈了。但這兩位總長又不便違反總統意旨，在立案後，僅由鹽務署先行撥交十萬元，大部分官股遲遲不肯交出。

張伯駒文中時間有誤。張鎮芳設立鹽行的計劃，早在 1914 年 10 月 26 日即已得到袁世凱批准，由政府出面宣佈將創辦鹽行，命張氏負責籌辦事宜。然而此時袁世凱之北洋集團接近分崩離析，掌握財政權的周學熙、周自齊等人，豈能輕易分一杯羹給張鎮芳？只是礙於袁世凱情面，虛與委蛇罷了。

1915 年 3 月 26 日，鹽業銀行在北京前門外西河沿 7 號宣佈開業，以張鎮芳為總理，獨佔股本四十萬元。

張伯駒《鹽業銀行與我家》文披露內情説：

> 1915 年 3 月鹽業銀行正式成立，原來擬議中的總股款五百萬元，計官股二百萬元，私股三百萬元。但官股實收，只是以鹽務署名義投資十萬元，私股有張鎮芳四十萬元（伯駒原註：實交三十萬元），張勳十萬元，倪嗣衝十萬元，其他如那桐、王占元、袁乃寬、張懷芝、劉炳炎等人認股，多則八萬元，少則二三萬元。股款尚未繳交，就先行成立北京行。北京行由岳榮堃（字乾齋）、朱邦獻（字虞生）組織；天津行

北京鹽業銀行

由張松泉、王仁治（字郅卿）組織；上海行由倪遠甫組織。資金均由總管理處撥給。總理張鎮芳，協理張勳、袁乃寬，總稽核黃承恩。由於各行均係當地金融界有號召力量的人支持其事，佔用資金不多，也能應付裕如。當時總管理處因資金少，開幕時只有六十四萬元，所以很不健全，各地分行各行其是。適逢那時各省督軍跋扈，不聽中央命令，故一般人諷刺説鹽業銀行是督軍制，意味着各分行各自為政，不聽北京總處領導。

張鎮芳一意孤行創設鹽業銀行，但從開創初期就指揮失靈。更為嚴重的問題是，張鎮芳對於銀行這一新興行業尚屬陌生，無論是在理念還是業務方面，他都沒有能夠成功地實現從傳統理財官員到現代銀行家的轉型，這也為他日後的失敗埋下了伏筆。

張伯駒元旦謁袁世凱

　　張鎮芳督豫時期，虛歲十五歲的張伯駒隨父赴開封上任。張鎮芳命伯駒棄文從武，入河南陸軍小學校就讀，意在要將伯駒培養成為後起之北洋豫系將帥，繼續護衛袁氏天下。張氏父子返回北京後，張鎮芳雖然計劃重返財界，但對於伯駒，則仍是希望能在軍事上有所建樹。此時，袁世凱亦感覺到段祺瑞等北洋舊將日益坐大，不再唯袁命是從，所以接受曾留學日、德的軍事專家蔣方震建議，建立德式軍事教育模式的士官學校，集中訓練一批忠於袁氏的青年軍事骨幹。1914 年 10 月 23 日，袁世凱在京成立陸軍混成模範團，直接隸屬陸海軍大元帥統率辦事處。團部設在北海，辦事處設在西城旃檀寺。袁世凱親自兼任模範團團長，調熱河巡防營統領兼赤峰鎮守使陳光遠為團副，以王士珍、袁克定、張敬堯、陳光遠為辦事員。第一期學員包括從保定軍官學校畢業生中抽調出的二百八十人，籍貫限定為直隸、河南、吉林、奉天數省；另從全國陸軍各師抽調數百人，共約千人，每期學制半年。學員分成步、騎、炮、工、輜重、機關槍等六科。袁世凱每週到模範團觀操一次，並召集學員訓話。侯宜傑著《袁世凱傳》[4]記：

4　侯宜傑：《袁世凱傳》，百花文藝出版社，2003 年。

　　為使學員成為忠實爪牙，袁世凱優給待遇，晉級提拔，讓他們知恩圖報。學員伙食津貼很高，身穿藍呢制服，畢業後均晉級升用。考試優秀的，袁世凱親自寫命令，授以侍從武官軍銜。有一次他在中南海向他們訓話說：「你們要認真練，好好幹，將來都能帶兵，前途很大，我就是從當兵出身的。」為樹立絕對權威，讓學員盲目崇拜、效忠自己，袁世凱還頒佈軍人訓條誓詞。誓詞是：「服從命令，盡忠報國，誠意為民，尊敬長上，不惜生命，言行信實，習勤耐勞，不入會黨。誓願八條，甘心遵守，違反其一，天誅法譴。」

　　張鎮芳對段祺瑞等北洋舊將的看法，應是與袁世凱一致。按照模範團規定，學員須年滿二十二歲，張鎮芳卻把只有虛歲十七歲的兒子張伯駒送到模範團騎科，目的當然是要伯駒走上這條捷徑。

　　張鎮芳督豫失敗後，袁世凱雖然僅是安排張氏擔任參政院參政的虛職，但他待張氏卻並不薄。

　　1915 年 1 月 1 日，袁世凱頒佈文官官秩，從上卿至少士共分九等，張鎮芳與楊士琦、朱啟鈐、熊希齡、張謇、錢能訓、孫寶琦、梁士詒等一同被列為中卿，約相當於清之六部尚書的地位。張鎮芳感念之餘，即委派兒子伯駒赴中南海謁見袁世凱，名義是賀歲拜年，實則不無代父謝恩之意。這也應是張伯駒一生中唯一的一次與袁世凱正式會面。張伯駒《續洪憲紀事詩補註》回憶：

　　　　洪憲前歲元旦，先父命余去給項城拜年。項城在居仁堂，立案前，余行跪拜禮，項城以手扶掖之。問余年歲，余對曰：「十八歲。」項城曰：「你到府裏當差好吧？」余對：「正在模

北京模範團之操練
《東方雜誌》1916 年第 13 卷第 5 期，1 頁

範團上學。"項城曰："好好上學，畢了業就到府裏來。回去
代我問你父親過年好。"余辭退回家，甫入門，所賜之禮物已
先到，為金絲猴皮褥兩副，狐皮、紫羔皮衣各一襲，書籍四
部，食物等四包。時余正少年，向不服人，經此一事，英氣
全消，不覺受牢籠矣。

　　張伯駒敍述這一事件的筆法值得玩味，基本是襲用清代皇帝
召對的記錄格式，其內心對於袁氏之恭敬是不言而喻的。張伯駒
《續洪憲紀事詩補註》之終篇，其詩云：

　　　鄉號重瞳舊比鄰，紅梅共畫痛姻親。
　　　興亡閱盡垂垂老，我亦新華夢裏人。

　　此詩貌似記述其與袁克文之情誼，實亦寄寓其對袁世凱之深
切懷緬，可知伯駒暮年猶未能出袁氏之"牢籠"。

張鎮芳參與洪憲帝制

張鎮芳委派兒子張伯駒赴中南海給袁世凱拜年，2 月 11 日是張鎮芳五十二歲壽辰，袁世凱則委派第二子袁克文至北京北池子張府拜壽。張伯駒《續洪憲紀事詩補註》記：

> 洪憲前歲，先父壽日，項城命寒雲（袁克文）來拜壽。時寒雲從趙子敬學崑曲，已能登場，但不便演，介紹曲家演崑曲三場。後為譚鑫培《托兆碰碑》，時已深夜，坐客皆倦，又對崑曲非知音者，乃忍睡提神，以待譚劇。譚來後，在余室休息。雷震春任招待，與對榻，為其燒煙。譚扮戲時，余立其旁，譚着破黃靠，棉褲外着彩褲，以胭脂膏於左右頰塗抹兩三下，不數分鐘即扮竣登場，坐客為之一振。惜余此時尚不知戲也。

是日張宅堂會，以時任震威將軍、京畿軍政執法處處長的北洋宿將雷震春擔任招待。演出劇目，除袁克文組織的三摺崑曲外，還有荀慧生之《破洪州》、孟小茹與梅蘭芳之《汾河灣》、孫菊仙與尚小雲之《朱砂痣》，大軸是譚鑫培演唱做俱重的代表作《托兆碰碑》。譚氏在當時號稱"伶界大王"，普通堂會戲價格都要高達五百元，張宅的酬金還應高於此數。

　　張鎮芳並非整壽而堂會排場浩大，所費不菲，實則是在變相為即將開業的鹽業銀行造勢。袁世凱洞察到張氏用意，乃派袁克文前往祝壽，刻意當眾昭示兩家交情，自是對於張鎮芳的一種支持。

　　張鎮芳投桃報李，也開始為袁世凱改行帝制推波助瀾，成為帝制的鼓吹者之一。1915 年 8 月 23 日，楊度、孫毓筠、嚴復、劉師培、李燮和、胡瑛等宣告成立籌安會，袁氏帝制謀劃漸趨明朗。9 月，袁世凱密令設立"大典籌備處"，以朱啟鈐為處長，梁士詒、周自齊、張鎮芳、楊度、唐在禮、葉恭綽、曹汝霖、江朝宗、吳炳湘、施愚、顧鰲為處員，負責籌備帝制各項具體事宜。9 月 19 日，張鎮芳與梁士詒等組織全國請願聯合會，以沈雲霈為會長，那彥圖與張鎮芳任副會長，向參政院發起總請願，提出以"國民代表大會"投票解決國體問題。同日，張鎮芳會同朱啟鈐、梁士詒、周自齊、段芝貴、袁乃寬、雷震春、唐在禮、吳炳湘、阮忠樞、倪嗣衝、張士鈺、傅良佐、陸錦、夏壽田等袁氏近臣，聯名呈請早定"大計"。

　　張鎮芳的這些政治活動，都足以證明他是參與袁氏帝制的核心人物之一。在張鎮芳等人的一片擁戴聲中，袁世凱於 12 月 19 日明令改中華民國為中華帝國，隨後宣佈以次年即民國五年為"洪憲元年"。

　　袁世凱政令方出，雲南將軍唐繼堯、巡按使任可澄即於 12 月 23 日率先發出通牒電報，云：

> 楊度等之公然集會，朱啟鈐等之秘密電商，皆為內亂事
> 重要罪犯，證據鑿然。應請大總統查照前各申令，立將楊度、

孫毓筠、嚴復、劉師培、李燮和、胡瑛等六人，及朱啟鈐、
段芝貴、周自齊、梁士詒、張鎮芳、雷震春、袁乃寬等七人，
即日明正典刑，以謝天下。

電中所列"帝制禍首"，世稱"十三太保"，張鎮芳名列其中。
唐、任二人通電之後，蔡鍔、李烈鈞、唐繼堯隨即分率護國軍三路
出兵，宣佈討袁，得到全國各地響應。

1916 年 3 月 23 日，袁世凱在眾叛親離的形勢下，被迫宣佈廢
除"洪憲"年號，撤銷帝制。袁世凱受此沉重打擊，一病不起。侯
宜傑著《袁世凱傳》敍述：

> 1916 年 6 月 6 日凌晨，袁世凱處於彌留之際，徐世昌、
> 段祺瑞、段芝貴、王士珍、張鎮芳等人匆匆趕到居仁堂袁世
> 凱的病榻之前。徐世昌問繼任人問題，袁世凱說了"約法"二
> 字後即不能再言。上午十點，便一命嗚呼了。

袁世凱之婿薛觀瀾《袁世凱、黎元洪結合之史實》文亦記：

> 民國五年（1916）6 月 6 日袁世凱帝制失敗，病情沉重，
> 臥春藕齋，氣息奄奄，已入彌留狀態。克定侍疾在榻旁。袁
> 氏召徐世昌、段祺瑞、張鎮芳三人，以備托孤寄命。……張
> 鎮芳曾任河南將軍，事袁甚忠，與袁為至親，當時我等皆以
> 五舅呼之，凡小站軍需以及袁家經濟，悉繫其手。

由上述記載可見，袁世凱臨終之時，張鎮芳猶守候在旁，作為
袁氏遺囑之接受者，則袁氏至死仍視張鎮芳為親信。

張鎮芳參與張勳復辟

袁世凱逝後，黎元洪繼任民國大總統，段祺瑞出任國務總理。民國政府追究洪憲帝制禍首，通緝楊度、孫毓筠、顧鰲、梁士詒、夏壽田、朱啟鈐、周自齊、薛大可等人，張鎮芳未被列入名單，據云係因袁克定向段祺瑞求情。但是，張鎮芳深知其與段祺瑞不睦，恐段手握重權之後將不利於己。陶菊隱著《北洋軍閥統治時期史話》[5]記錄：

> 張鎮芳是袁世凱的四個顧命大臣之一。哈漢章是黎元洪的軍事智囊之一。他們兩人是清朝末年軍諮府的老同事。段祺瑞生平最看張不起，經常在背後罵他是"黃帶子""掌櫃的"，因此，張對段的惡感很深。袁死後，張向哈放了一把野火說："我們在項城的靈前討論總統問題時，老段反對黃陂（黎元洪）繼任，是東海（徐世昌）竭力促成的。"黎聽進了這句話，對段更加懷恨在心，對徐則抱有很大的好感。

陶菊隱的敘述缺乏旁證，難判真偽，而張鎮芳反段的政治態度則是明確的。黎元洪與段祺瑞發生"府院之爭"，勢同水火，張鎮

5　陶菊隱：《北洋軍閥統治時期史話》，山西人民出版社，2013 年。

芳尋求新的政治保護，加入到時任長江巡閱使兼安徽督軍張勳的陣營。

張勳一向以忠於清室自居，仍留辮髮，其軍隊亦號稱"辮子兵"。張勳在洪憲帝制失敗後，數次召開徐州會議，張鎮芳積極與會表示支持，並為張提供軍費。徐州會議也議及擁戴清室復辟問題。

1917 年 5 月 23 日，黎元洪與段祺瑞決裂，黎令免去段祺瑞的國務總理兼陸軍總長職務。31 日，黎元洪電邀張勳進京調停。6 月 7 日，張勳率部五千人北上，8 日抵天津，14 日自津赴京。張伯駒在《鹽業銀行與我家》文中回憶：

> 張勳到天津，隨後偕同張鎮芳、雷震春等赴京，我隨侍先父在側。在車站候車室，報販子兜售那時出版的《紅樓夢索隱》，雷震春和一行人打趣說："不要看索隱了，我們到北京去索隱吧！"看當時情況，好像他們很有把握。

張勳等入京後即開展復辟的政治活動。6 月 30 日上午，張勳率張鎮芳、雷震春等朝見清宣統帝溥儀。當晚，張勳在江西會館觀看梅蘭芳演出的《玉堂春》後，返回南河沿住宅，換穿清代朝服；於 7 月 1 日淩晨再次入宮，宣佈宣統帝復辟，廢除黎元洪大總統職，以張勳、王士珍、陳寶琛、梁敦彥、劉廷琛、袁大化、張鎮芳為內閣議政大臣。張鎮芳還兼任了度支部尚書、鹽務署督辦。這些史實都說明，張鎮芳在張勳復辟事件中，又一次成為核心人物之一。

近人許指嚴據當時報紙消息著作《復辟半月記》，記錄張鎮芳於復辟中之活動較為詳細。

7月4日，張鎮芳赴部接印，具摺謝恩。同日，段祺瑞組織討逆軍，自任總司令，誓師馬廠，討伐張勳。許指嚴記："聞張鎮芳下堂諭一道，前述上諭仰各員照舊供職，並諭所有文書程式，自即日起，改用奏事體裁，並奏請鑄度支部新印。該部散值仍至午後四時云。"

7月7日，討逆軍攻佔豐台。許記："張（勳）軍屢戰屢北，幾有不能支持之勢。此既確鑿事實，無可諱言。據政界可靠消息，本日張勳宅中，自早五時至午後二時，連開軍機密要會議至五次之多。列席者除萬繩栻及張勳之親信人外，尚有吳炳湘、江朝宗、雷震春、梁敦彥、張鎮芳等九人。所議何件，因防範甚嚴，不易探知，僅聞張鎮芳擔任派人誘勸討逆軍左司令段芝貴，因張與段有金蘭之誼故也。"

7月8日，張勳、張鎮芳、雷震春、黃承恩等奏請開去差缺。

7月9日，許指嚴記：雷震春、張鎮芳一時匿居六國飯店，於今日出京赴津。行至豐台時，被討逆軍拿獲。又，馮德麟在天津新車站被逮捕。

7月12日，凌晨，討逆軍發動總攻，張勳兵敗逃入荷蘭使館。

7月13日，許指嚴記："雷震春、張鎮芳日前在豐台被共和軍（即討逆軍）拘捕。茲聞今日西車站有共和軍兵士約四十名，將雷、張二人押解來京，即送至東四牌樓憲兵學校內看押。"

7月14日，許指嚴記："茲聞軍界人等，對於張、雷深為憤恨，多主張徑由軍政機關宣告死刑，即日槍斃者。內有重要軍人從中調停，設法轉圜，擬條陳於段總司令，略謂張、雷等犯主張復辟，

1917 年 7 月 12 日，討逆軍在東安門

罪大惡極，固為約法所不赦；然克復北京，戰敗辮兵，軍士不顧生命，勇敢善戰，實屬可嘉，亦應格外獎勵，以鼓士氣。但現在財政困難情形已達極點，政府難為無米之炊，而張鎮芳等饒有資產，若將助逆之罪，折為罰金，彼等尚肯捐輸巨款，以便應用，以之犒賞各軍出力將士兵，為一舉兩得云云。此說能否成為事實，尚不得知。"

7 月 15 日，北京政府宣佈褫去震威將軍雷震春、第二十八師師長馮德麟職。

7 月 17 日，許指嚴記："段總理以雷震春、張鎮芳、馮德麟三逆，既頒令交法庭依法嚴懲，應即日審訊定，以除奸賊。"

許指嚴所記，多為彼時輿論之反應，有些地方則屬道聽途說，如張鎮芳與段芝貴的關係，非金蘭之誼，張伯駒在回憶裏亦作有說明。(參見靳飛編著《張伯駒年譜》)

張伯駒毀家救父

張鎮芳參與張勳復辟失敗，於 1917 年 7 月 9 日被捕，17 日移交大理院審理。張伯駒《鹽業銀行與我家》記云：

> 張勳逃入荷蘭使館，張鎮芳同雷震春乘車回天津，行至豐台，即被段芝貴下令把他們逮捕，解至鐵獅子胡同陸軍部羈押。數月後，因為我父是文人，交大理寺審訊辦理，雷震春和馮德麟則交軍法會審。在押期間，我曾去探視，並看見雷、馮兩人。他們住在三間不相通的房屋裏，當時三個人表現出三種不同態度：我父表現出"世受君恩，忠於故主"，認為恢復清朝是他的職責，這樣做是對的；雷震春談話時，則氣憤填膺，謾罵那些簽署贊成復辟的人，反而把他們逮捕，罵那些人不是東西；馮德麟則戰慄惶恐，表現出貪生怕死的樣子。

伯駒記錄有誤，抓捕張鎮芳的是時任第十六混成旅旅長馮玉祥，而非段芝貴。馮玉祥《我的生活》裏記：

> 張勳看見大勢已去，早已逃入荷蘭使館。他的兩個謀士雷朝彥（雷震春）、張鎮芳潛逃至豐台，打算上車去天津。我

聞訊，即電令留守豐台的第二團將他們扣留，擬即懲辦，段芝貴卻把人要了去，説由他們依法懲處。

張伯駒在文中為父開脱，説張鎮芳以恢復清朝為職責，"世受君恩，忠於故主"，此亦不確。蓋清亡之際，張鎮芳以署理直隸總督名義領銜通電逼宮時，何以不言"忠於故主"？嚴復即在 7 月 16 日致友人函中議論説：

> 此番贊成復辟諸公，其未經筮仕民國者，輿論尚有恕辭；張鎮芳、雷震春、馮麟閣已交法庭，恐難倖免。餘如楊味雲（楊壽枏）、孫慕韓（孫寶琦）輩，外間攻擊甚力，可謂多此一舉。

嚴復以是否曾在民國任職作為劃分標準，區分"贊成復辟"者之能否得到社會諒解；則如張鎮芳等在民國出任高官者，結局應是"恐難倖免"。嚴復的這一看法，正是當時大多數人的意見。

不過，也有張鎮芳的一些親友故舊為其四處奔走營救。張伯駒雖僅虛歲二十歲，卻是責無旁貸，他也是從這時開始，在張家逐步有了主事之人的地位。張鎮芳的友人中，最為積極者是張氏在河南的舊部王祖同。王樹楠《參議院議員前廣西巡按使王公墓誌銘》稱，"清室復辟之役，項城張公鎮芳遭拘禁，（王）出死力營救之。"王祖同字認庵，號肖庭，河南鹿邑人，進士出身，張氏督豫時期，王任河南布政使，後與張氏前後調京，同任參政。

王祖同先是緊急聯絡陸軍第八混成旅旅長徐占鳳，請他通過其族姪、段祺瑞最信任的助手徐樹錚，出面為張鎮芳斡旋。徐占鳳

嚴復像
《中華教育界》1935 年第 23
卷第 5 期，1 頁

致徐樹錚函稱，"且鎮芳家私百萬，如能罰金愛贖，免其一死，化
無用為有用；且鎮芳尚無兒女，則感荷再造，不第鎮芳一人已也。"
徐函所表達的意思，即張家情願以百萬資財保全張鎮芳性命。其
"尚無兒女"語，既是指張鎮芳無親生子女，亦是一種悲情策略。
前節許指嚴文有，"內有重要軍人從中調停，設法轉圜"，似即暗
指徐樹錚在張案裏發揮作用。張伯駒《鹽業銀行與我家》文裏也談
到，張鎮芳後保外就醫，移住首善醫院，"徐（樹錚）曾去探視他，
並說了一些安慰的話。"

　　恰在這時，曾任國務總理的熊希齡找到王祖同。這一年的張
勳復辟之亂方告平息，7 月 15 日起，北京、天津及河北地區連降
暴雨半月，導致多條河流同時泛濫成災。時任代大總統馮國璋與國
務總理段祺瑞撥款三十萬元賑災，並委任熊希齡為督辦，負責水災
河工善後事宜。熊氏希望王祖同說服張鎮芳家助賑贖罪，張家遂以
張伯駒名義捐款四十萬元，竟較財政部撥款更巨。

張鎮芳痛失鹽行

許指嚴與馮玉祥都曾說到張鎮芳與段芝貴交好，兩人甚至有金蘭之誼；張伯駒則矢口否認，且對段芝貴痛恨不已。張伯駒《鹽業銀行與我家》文說：

> 張勳復辟失敗後，段芝貴以討逆軍東路總司令兼任京畿衛戍總司令，吳鼎昌這時任天津造幣廠廠長（伯駒原註：簡任官，直屬財政總長），他同段芝貴、段永彬、王郅隆都是賭友，由王建議，段派吳鼎昌接收了鹽業銀行。段芝貴採取這個手段，是有打擊和報復我父之意的。

張伯駒以為，恰是因為段芝貴與張鎮芳素有嫌隙，所以段才乘人之危，痛下殺手，以鹽行曾撥款二十萬元作為張勳軍費為由，派吳鼎昌查抄了作為張氏"後院"的鹽業銀行。

吳鼎昌，字達銓，1884 年（光緒十年）生，原籍浙江吳興，生於四川華陽。1903 年 8 月考取官費赴日留學，畢業於日本東京高等商業學校，回國後歷任大清銀行總務局局長、中國銀行正監督、天津造幣廠總辦。其人先是受知於梁士詒，梁薦之於袁世凱，袁以"此人兩頤外張，有聲無音，當非純品，吾不用之"為由，將吳棄之一旁。張勳復辟失敗後，吳氏在段芝貴和時任財政部長梁啟超的支持下接管鹽業銀行，成為吳氏一生事業的重要轉折點。王芸生在遺作《回憶幾個人和幾件事》(王鵬整理) 文裏稱，"吳鼎昌這個人非常精明，而且是個善於做官的人"，"我覺得吳鼎昌真是個聰明人"。據王芸生介紹：

> (吳鼎昌) 有一段時間，每天晚上到報社 (《大公報》) 編輯部來聊天，看看當天外邊的電報。他跟大家閒談，不論公事，只講新聞、國家大事、天下大事。有一次，他忽然來了興趣，說："你們可以考一下我的腦子，你們說一個三位數的乘法，一個數一個數講，你們的嘴一停，我的答數就出來了。"一考果然如此。所以說，這個人也有他的天賦。

張鎮芳與張伯駒父子就遇到了這樣一個厲害的對手。張伯駒《鹽業銀行與我家》云：

> 張勳復辟失敗後的這年 7 月間，鹽業銀行在京、津、滬三地報紙刊登緊要通告，假借股東臨時大會名義，推薦吳鼎昌為總理。吳改任總理後，首先從交通銀行協理任鳳苞、金城銀行總經理周作民、中南銀行總經理胡筆江三人那裏，拉來三十萬元作為股本，並規定賬面要露出四分之一的股款一百二十五萬元的數字來。但是，這時連同舊股東已交股款計算，仍然不足，於是又填出空額股票二十萬元，湊足賬款數字。所填空額股票，就在京行抵押，成為收足股款五百萬元的四分之一的股款的象徵。

同文又記：

　　吳鼎昌到鹽業銀行後，自封為總經理。因有一部分股款尚未交齊，即決定採取措施：第一，舊股東已認股本的，一律限這年年終交齊，否則由新股東加入；第二，增加股本，從現在起，每年增資百分之二十五，如果舊股東放棄已認股款不交，即讓新股東加入。吳這樣做，就是為了削弱我父親在舊股東中的影響和權力，同時增加新股東的力量，以便於他的壟斷。這時我父親尚有舊股十萬元未交，而且正因復辟案關在獄中，自然無力交款，這樣新股東就可以乘虛而入了。到了年終我父親出獄後，仍然設法交齊了股款。

　　吳鼎昌深諳銀行運營方式，其以增加股東及股款的辦法，將張鎮芳的股權加以稀釋，從而加強了自己對於鹽行的控制。

　　另一方面，吳鼎昌還指使鹽行作出營救張鎮芳的姿態，這一點，也最是令張伯駒憤憤不平。張伯駒《鹽業銀行與我家》記：

　　　　張鎮芳移交大理院後，鹽業銀行北京行經理岳乾齋未經張本人及家屬同意，擅自代請汪有齡（伯駒原註：字子健）為辯護律師。大理院長是皖系姚震（伯駒原註：字次之。筆者註：應是次枝），檢察長張孝栘（伯駒原註：字滌生，華北淪陷後任華北臨時政府最高法院院長。筆者註：係汪偽最高法院華北分院院長）。張（孝栘）和汪有齡與吳鼎昌、岳乾齋均係酒友，他們串通一氣，判張（鎮芳）死刑，又經汪辯護，改為無期徒刑。值得注意的是開庭時，旁聽席上出現了當時司法總長林長民和參議院議長王家襄及議員胡石青等。事後律師出庭費十萬元，但不要現款，而要鹽業銀行股票。

　　張伯駒此段記錄，有一份有力的旁證。葉恭綽在《我參加討伐張勳復辟之回憶》文裏也記述道：

　　　　（張勳）復辟失敗後，雷震春、張鎮芳赴津，途中被獲，事後有人斡旋，由法庭解決，而令汪有齡為律師，酬汪十萬元，藉還賭債。此類事不勝列舉，此其著者。劉廷琛由西直門經京綏鐵路逃回青島，無人過問，其他若此者尚多。厥後懲辦命令皆係文員，無一武人，遂成慣例，此亦紀綱不立的一大確證。

　　葉恭綽是彼時政壇呼風喚雨的人物，了解諸多內情。葉作為旁觀者猶覺不公，張鎮芳與伯駒父子，對於吳鼎昌、汪有齡大敲竹槓的做法，尤其切齒痛恨。張案結束，吳鼎昌即聘汪有齡為鹽業銀行法律顧問，吳、汪及岳乾齋等人之串通勾結，昭然若揭。

張鎮芳妻智氏病亡

張鎮芳的牢獄之災約歷三月。1917 年 10 月 1 日,安徽督軍倪嗣衝與山東督軍張懷芝等北洋將領出面,呈請民國政府對張氏予以寬免。5 日,民國政府宣佈,判處張鎮芳、雷震春無期徒刑。宣判之後,張、雷即得保外就醫,張鎮芳住進北京的首善醫院。另有說宣判係在 11 月 5 日,待考。張伯駒《鹽業銀行與我家》文記:

> 這年秋天,大理院對張鎮芳刑決,送交監獄執行,但兩天後,他們又以病為由,把張保外就醫,移住首善醫院。

事有湊巧,張鎮芳剛剛出獄,其政治對頭段祺瑞所領導的皖系勢力即因兵敗而下台。繼皖系當政的馮國璋與曹錕等直系軍閥勢力,與張鎮芳私交尚好,沒有繼續為難張。1918 年 2 月 28 日,直系北京政府發佈命令:

> 督軍曹錕等呈稱:雷震春、張鎮芳歷居要職,卓著勳勞,名刑書,才有可用等語,着即開釋,發往曹錕軍前效力。

張伯駒《鹽業銀行與我家》文云:

> 到年終又奉到指令發往"軍前效力",他(張鎮芳)同雷

震春起程前往湖北報到。到了漢口，督軍王占元在督軍署設宴招待，住了三天，然後回北京，轉來天津，寓居在英租界馬場道自己家裏。

伯駒所說"軍前效力"時間，應是指舊曆年底。張鎮芳案至此算是徹底了結。盤點張家在此次事件中的花費，只計已知的大項開支，包括資助張勳軍費二十萬元，捐助熊希齡賑災款四十萬元，支付汪有齡律師費十萬元，這幾項便高達七十萬元。馮玉祥率其旅參加討伐張勳戰役，事後報銷軍費才僅是一萬元，則張家相當於輸掉七十個旅的軍費。

另外，在鹽業銀行方面，吳鼎昌因又得到新任財政部總長曹汝霖賞識，即將出任財政部次長，主持部務工作。吳鼎昌於 1918 年 2 月 20 日召開鹽行第一次股東總會，選舉那桐、張恕齋（疑為張勳之子張夢潮，待考）、劉炳炎、黃承恩、王郅隆、段永彬、任鳳苞等為董事；瑞豐、張伯駒為監事；李光啟、陳秉鑒、周作民為候補董事。

吳鼎昌通過新的董事會繼續控制鹽行，原銀行總理張鎮芳被排斥在外。作為補償，張伯駒被選為監事，這是伯駒首次在鹽行擔任職務。

張鎮芳遭遇大難，無力與吳鼎昌抗衡，只能接受這一結果，而張家之難，卻尚未結束。1918 年 7 月中旬，張鎮芳原配夫人、張伯駒之嗣母智氏，因家事憂慮成疾，在天津病故。張鎮芳、張伯駒父子將智氏靈柩送回故鄉項城安葬。張伯駒《紅毹紀夢詩註》記：

先母（嗣母智氏）逝世，歸葬項城，由翰林王肖庭（王祖同）父摯題主，以本邑兩舉人裏題，本邑秀才贊禮，着斕衫，寬袖大袍，古風儼然。

為智氏夫人題主的王祖同，次年 9 月 18 日亦在北京病逝。

張鎮芳經此沉重打擊，一時心灰意冷，在安葬妻子後即歸隱河南周口南砦西門裏路北杏園別墅，偃旗息鼓，閉門不出。而今時隔百年再來回顧，原來張鎮芳竟是張勳復辟事件裏，除張勳外的第二大輸家，落得個家敗人亡的下場。

張伯駒的初婚

約在張鎮芳妻智氏逝前，張伯駒在天津成婚，夫人李氏出身官宦人家。寓真著《張伯駒身世鈎沉》[6]引伯駒文《身世自述》稱：

> 在我七歲的時候，我父親（張鎮芳）已與我訂了婚，就是我的原配李氏。她父這時也是候補道，這就是門當户對的婚姻。到我十九歲結婚，結婚之後，家庭裏才知道我的原配李氏夙有疾病（原註：是沒有月經），不能生育，並染上鴉片煙癮。

伯駒此處所云的十九歲是周歲，即其虛歲二十歲之時。

張伯駒之子張柳溪口述、張恩嶺整理《父親張伯駒的婚姻》文記：

> 父親十五六歲（柳溪誤記）時由爺爺包辦了安徽亳州一女子，她父親姓李，曾任安徽督軍。父親的這位原配夫人，我稱她為娘。爺爺給父親辦的婚禮排場很豪華，父親的結婚禮服類似袁世凱就任總統宣誓時的元帥服，是黑呢子的，領

6　寓真：《張伯駒身世鈎沉》，三晉出版社，2013年。

口、袖口和大襟都鑲有一指多寬的金線，肩上有金線編織的肩章，褲縫處也鑲有一指多寬的金線。我娘穿的是清末民初顯貴家庭的婦女常穿的那種繡花短襖和蓋到腳面的長裙。

至為難得的是，關於張伯駒的初婚，其好友袁克權曾為其留下記錄。袁克權是袁世凱第五子，與張伯駒同歲，字規庵，號百衲，能詩，才華不遜於其二兄克文。袁克文稱讚克權說："敏慧過人，工詩"；夏壽田以克文、克權並稱說："君家兄弟盡奇才"。

袁克權詩學李賀、李商隱，著有《百衲詩集》《偶權館詩集》《苦廬詩集》《弄潮館詩集》《百衲詩存》《懺昔樓詩存》等多種詩集。張伯駒《續洪憲紀事詩補註》云：

> 項城諸子有文采者，除寒雲（袁克文）外則為規庵（袁克權），詩學李義山（李商隱）。寒雲亦曾言及五弟之詩，可入玉谿（李商隱）之室。

張伯駒在袁世凱逝後與袁氏諸子往來頗多，克權詩集裏有六首就涉及伯駒，例如《丁巳十二月雪後同伯駒、南田、兩峰遊頤和園》與《庚午日偕伯駒、南田、兩峰讌於西人別墅之作》二首。丁巳十二月在 1918 年 1 月中至 2 月初，南田不詳，兩峰即袁世凱第七子袁克齊。克權詩刻畫幾位青年公子失落心境，尤其生動。

克權另有《催妝詩為伯駒作》四首[7]，則為張伯駒初婚之紀實。其詩云：

7　袁克權：《袁克權詩集》，天津古籍出版社，2008 年。

其一

合歡錦上合歡觴，天半祥雲護喜郎。
都是當年嬉逐侶，一泓春水戲鴛鴦。

其二

同心蘭種闌圍開，背地傳觴醉綠醅。
女是掃眉班內史，恰當溫子八叉才。

其三

天生豔福鳳鸞諧，堅似金鈿合似釵。
此日華堂盟白首，朱門喜氣溢瑤街。

其四

迷耳絲竹奏室前，香車引動降神仙。
莫羞兒女難堪語，此是人生第一緣。

從袁克權詩可知，一是伯駒妻李氏與克權亦是熟稔，"都是當年嬉逐侶"，皆為青梅竹馬之幼年朋友；二是李氏容貌才華出眾，"天生豔福鳳鸞諧"指貌，"女是掃眉班內史"指才；三是張李婚事排場較大，"朱門喜氣溢瑤街"，"迷耳絲竹奏室前"；四是讚伯駒才思敏捷如溫庭筠。伯駒早年詩作多已不存，從克權的評價，依稀可以窺見伯駒當日穠豔華美之少年詩風。

附　袁克權詩二首

袁克權《丁巳十二月雪後同伯駒、南田、兩峰遊頤和園》詩[8]云：

> 研光散處五丁開，著此勞勞未易才。
>
> 破帽狂吟碧驢去，胡盧一笑荔枝來。
>
> 強魂地下蒙污血，黃屋千年始禍胎。
>
> 我亦鼎湖墮髯客，傷心豈獨對蓬萊。

袁克權《庚午日偕伯駒、南田、兩峰讌於西人別墅之作》詩[9]云：

> 丈室懸留歌哭地，一家胡越喜沖和。
>
> 凌雲頭角徘徊久，祕彩神龍變化多。
>
> 爛爛天狼犯北斗，沉沉九域幾投戈。
>
> 塵賓不接人間世，坐想靈風起大羅。

前首“鼎湖墮髯客”句，用黃帝乘龍升天故事，寄寓其對父親袁世凱懷念之情；“破帽狂吟碧驢去”是化用李賀“誰似任公子，雲中騎碧驢”句，以示對於時局之不屑。

後一首的意思則是眼看“爛爛天狼犯北斗”，當政者倒行逆施，烽煙四起，只能是期待有朝一日能夠“坐想靈風起大羅”。

按：頤和園於 1913 年 4 月起對外開放，規定為每月舊曆逢六日為參觀日。克權與伯駒等即應係在參觀日往遊。袁克權娶端方女陶雍為妻，第二首似為其新婚後作。

8、9　袁克權：《袁克權詩集》，天津古籍出版社，2008 年。

張作霖相助重返鹽行

　　張鎮芳偃旗息鼓返回河南隱居，張伯駒年輕氣盛，仍望有所作為。新婚不久，伯駒即赴安徽蚌埠投奔安徽督軍兼省長倪嗣衝，出任倪所統率的安武軍全軍營務處提調。倪嗣衝是北洋資深將領，受知於袁世凱，與張鎮芳也是舊交，還曾得到過張氏的幫助。遺憾的是，伯駒到倪軍營的時候，倪的身體狀況已經很差，神志不清，無法視事，更難對伯駒予以照顧。伯駒看前途無望，僅居數月便返回京津。伯駒在蚌埠期間，爆發五四運動，其因在蚌埠而對這一重要歷史事件，幾乎沒有留下多少深刻的記憶，但五四運動卻為張鎮芳與張伯駒父子帶來了轉機。

　　五四運動之後，直系軍閥曹錕、吳佩孚聯合奉系軍閥張作霖，於 1920 年 7 月發動直皖戰爭，並獲得決定性勝利。7 月 29 日，大總統徐世昌下令通緝皖系骨幹徐樹錚、段芝貴、朱深、王郅隆、梁鴻志、姚震等，段祺瑞勢力基本崩潰。原本在政治上追隨皖系的吳鼎昌，為避風頭，以考察歐美銀行制度為名，請假半年，出國遊歷；當然，另有一種說法是，吳係奉北京政府密令赴法國協商借款。但不論哪種情況，吳氏失去了強有力的政治後台支撐。張鎮芳父子抓住了這一機會，開始行動起來。

　　1920 年秋，張鎮芳偕伯駒前往瀋陽，拜會東三省巡閱使張作霖。張伯駒《鹽業銀行與我家》記：

> （張鎮芳）秋九月從河南來天津，我隨侍他到奉天（瀋陽）
> 去看張作霖，住在張的巡閱使署後花廳，大約盤桓了三四天。
> 張作霖對他甚為親切，每天都有宴會，飯後打麻雀，參加者
> 除張作霖外，尚有鮑貴卿、張作相、許蘭洲、汲金純、孟恩
> 遠等輪流作陪。臨別前一天晚上，飯後有一段對時局的談話，
> 張作相、許蘭洲先走，談話只有張作霖、張鎮芳、鮑貴卿、
> 孟恩遠，他們在鴉片煙盤旁邊談了一夜。這時張作霖正在躊
> 躇滿志，表示說："我今天不就是遼東王嗎？不需要爭甚麼。"
> 但他忽然問我父："關裏甚麼地方好？"張鎮芳回答說："陝西
> 省地居關中，既可雄視中原，又可控制西北，是個天府之國，
> 那個地方如能掌握，就可以左右時局。"孟恩遠接着說："兄
> 弟！你要關裏哪個地方，哥哥替你去打下來。"這時正是孟
> 恩遠在吉林失敗不久，故意說這樣的諂媚話。根據這次談話，
> 堅定了張作霖進關搶地盤的決心，原因之一是盤踞在陝西的
> 劉鎮華嵩軍（鎮嵩軍）與張鎮芳關係密切。臨辭別時，張作霖
> 委任我為奉軍總司令部總稽查（伯駒原註：未受薪，無實職，
> 只是名義而已）。我父張鎮芳回天津後，住了一些時，又回周
> 口老家去過年，以後就經常來來往往。

張作霖的資歷雖淺，但以其"遼東王"的實力，已與皖系、直
系成鼎足之勢。當時的北京政府內部達成協定，"國家大計須先徵

求曹（錕）、張（作霖）而後行"。[10] 可是，張作霖待張鎮芳過於熱情，反令張鎮芳不得不以前輩自居，不好開口向張作霖求助。

　　時年虛齡二十四歲左右的張伯駒，初生牛犢不怕虎，索性撇開父親，數月後自己單獨前往瀋陽，求見張作霖。張伯駒《鹽業銀行與我家》文記：

　　　　1921 年 4 月間，我又去奉天（瀋陽）見張作霖，應上次未談鹽業銀行事，這時我單獨和他談到鹽業銀行怎樣被吳鼎昌攘奪，及怎樣接收改組情況。張聽後大為震怒說："我可以出來說話。"我回答："你不是股東，怎樣說話呢？"張說："我可以入股。"於是，我把我父親的股權讓渡給張作霖五萬元，他就成了股東。然後，他打電報給吳鼎昌，質問他鹽業銀行是張某人創辦的，你非原來的發起股東，如何能當總經理，這是不合法的，我以股東資格，請你說明道理。吳接到張的電報後，託岳乾齋出來了事。岳託張勳，請他出來打圓場，在天津張勳家裏談話，參加者有岳乾齋和北京行副理朱虞生、張勳和我。談判結果，推舉張鎮芳為鹽業銀行董事長。董事長的好處，每年除股金紅利外，另有一筆紅利，可分到三萬多元；監事人每年可分紅利四五千元；董事每月車馬費五十元，每年紅利可分四五千元。但是，總經理吳鼎昌，和北京行經理岳乾齋，每年除股東紅利外，還可分盈餘紅利，都在四五萬元左右。分紅多少，當然要看年終結算盈餘為定。

10　龔育之主編：《中國二十世紀通鑑：1901—1920》，線裝書局，2002 年版。引自 1920 年 "8 月 14 日曹錕、張作霖由津入京議決時局問題" 條目下。

這次談判勝利，不但爭回了被攘奪鹽業的面子，出了這口氣，而且又多得了紅利，吳鼎昌從此對我們也比較客氣了。這事我父親並不知道，我回到河南報告他，他說我辦得很好。從那時起，直到 1933 年我父親張鎮芳去世，都是以他的名義擔任該行董事長。

張伯駒初出茅廬獲捷，頗為欣喜，自以為頗有交涉能力；而吳鼎昌、岳乾齋、朱虞生等鹽行實際管理者，也確是因此事而看到張家有後，不可再隨意擺佈，從此改變了對張家的態度。然而，張家這一次的勝利，成果有限，正如伯駒所云，主要是"爭回了被攘奪鹽業的面子"。許寶蘅 1921 年 6 月 4 日記：

> 七時赴袁紹明（袁乃寬）、岳乾齋約，乾齋新居內務部街，為叢兆丹（原註：叢桂）舊宅，院落甚多，佔地十畝有餘，乾齋修理購價約費十萬元。近歲都中土木之繁侈，為向來所未有，可懼也。[2]

岳乾齋新居，許寶蘅云係清末叢桂宅，今人則以為係清代壽恩固倫公主府，公主為道光帝之女，其夫即咸豐帝所委顧命之八大臣之一的景壽。岳乾齋購此宅耗資十萬元，手筆闊綽，足見其在鹽行獲利甚豐。單就收入而言，張氏父子與吳鼎昌、岳乾齋等人，卻是無法比較的。

需要注意的是，張伯駒說這一事件發生在 "1921 年 4 月間"，

2　許寶蘅著，許恪儒整理：《許寶蘅日記》，中華書局，2010 年。

這是不準確的。寓真著《張伯駒身世鈎沉》收錄一封 1921 年 2 月 1 日吳鼎昌關於張鎮芳任董事長一事致董事會任振采（鳳苞）的函：

> 振采仁兄大人閣下：
>
> 　　本行董事會議決公推張馨老（鎮芳）為董事長，並議定自十年期（1921 年度）致送公費數目、分配花紅分數各在案，茲代擬致張董事長函稿一紙及繕正函一件，送呈譽閱。即請閣下於正函及函稿一併簽名蓋章擲下，以便送他董事簽名蓋章後封發為盼。
>
> 　　敬頌　公綏
>
> 　　　　　愚弟　吳鼎昌　啟

另據《那桐日記》[3]1921 年 2 月 2 日記：

> 　　今日亥刻，鹽業銀行董事會送來一信，公推張鎮芳為董事長，大眾署名簽字，余已照辦，即交黃承恩董事來人持回。

從這兩則文獻可知，張鎮芳於 1921 年 2 月初任職鹽行董事長，那麼，張伯駒單獨求見張作霖的時間應是更早。

3　北京市檔案館編：《那桐日記》，新華出版社，2006 年。

張伯駒父子與香山慈幼院

張鎮芳羈押大理院期間，熊希齡說服張家以伯駒名義捐款四十萬元賑災贖罪，包括交通銀行鈔票十萬元、公債二十萬元和現洋十萬元。1920 年 10 月 3 日，熊希齡在北京開辦香山慈幼院，作為災區孤兒的救助機構。熊的夫人毛彥文在所著《往事》[4] 裏記述：

> 香山慈幼院前身係慈幼局。民國六年（1917）九月間直
> 隸、京兆兩省大水災，秉（熊希齡）那時在辦京畿水災河工善
> 後事，先後救出一千名兒童，臨時設立慈幼局，經費由財政
> 部支付，民國九年（1920）擴大為慈幼院，財政部每月撥款補
> 助兩萬元，成為慣例。

毛彥文回憶云，熊氏創建慈幼局與慈幼院，係由政府財政部撥款，未及張家捐助之事。但是，張家畢竟拿出巨款，不會就此置之不理。

張氏父子在重返鹽行之後，又開始找熊希齡理論。其中具體過程不詳，結果是，1923 年 3 月，經熊希齡呈請北京政府批准，張伯駒以京畿水災捐款助賑之功獲得褒獎，以簡任職存記任用，授

4　毛彥文：《往事》，商務印書館，2012 年。

予二等大綬嘉禾章；同時命名香山慈幼院主樓為"鎮芳樓"，作為
張氏捐款的紀念。換言之，張氏與熊氏的交涉，仍然是只爭回了些
面子而已。

張氏父子和熊希齡都沒有想到的是，香山慈幼院後來還曾成
為中共中央的臨時駐地。1949 年北平和平解放後，中共中央從西
柏坡遷往北平，入駐到林木蔥鬱、環境幽靜，又有利於防控的香山
慈幼院。時任中共中央副秘書長兼辦公廳主任、中央軍委秘書長
的楊尚昆在《楊尚昆回憶錄》[5] 裏說：

> 中直機關共有工作人員 5500 多人，香山慈幼院有一批現
> 成的房屋可以利用，這個慈幼院是曾任北洋政府國務總理的
> 熊希齡創辦的，只要牽動一家，將房舍略加修繕，便可供中
> 央機關使用。雙清別墅是熊的住宅，可以供毛主席臨時居住。

1949 年 3 月 23 日，楊尚昆先行從西柏坡出發，24 日黃昏抵
達香山慈幼院。當晚，住在山下的振芳樓。楊的回憶錄把"鎮芳樓"
記成"振芳樓"，這個"振芳"就是張鎮芳。

1974 年 10 月 24 日，虛歲七十七歲的張伯駒登香山，至慈幼
院舊址，作有《臨江仙》一首，其序及詞云：

> 甲寅重陽後一日登香山，昔先君捐資建香山慈幼院，余
> 每歲往遊，今衰老再至，追憶前景，感慨繫之。
> 駒影百年身近，鵬圖萬里程過。不堪重看舊山河。夢隨

5　楊尚昆：《楊尚昆回憶錄》，中央文獻出版社，2001 年。

歸雁去，淚似落霞多。

　　應笑浮生尷尬，休誇老子婆娑。含羞未醉也顏酡。新天開眼界，古井止心波。

伯駒詞中的"應笑浮生尷尬"與"含羞未醉也顏酡"句，皆當是憶及前塵夢影而有所指，乃至於其心境竟是"淚似落霞多"。但張伯駒最終還是以"古井止心波"來了結了其父子兩代與熊希齡之間的這椿公案。

鎮芳樓

張伯駒在重返鹽行與處理香山慈幼院捐款過程中，都在積極挽回張鎮芳的政治影響，試圖為張鎮芳恢復名譽。

1923 年，張伯駒藉張鎮芳六十壽辰、張錦芳五十壽辰為名，在天津中州會館隆重舉辦祝壽堂會。伯駒提前發出《徵壽文啟》，嚴修、康有為等皆有壽聯及詩文應之。張伯駒《續洪憲紀事詩補註》記：

　　先父六十壽及先叔壽，余發徵壽文啟，記康南海（康有為）聯云："述孝承先，兄弟相攜，永錫難老；以忠獲罪，縲絏之中，雖敗猶榮。"即言先父被囚禁事也。

康有為壽聯所云的"以忠獲罪"、"雖敗猶榮"，無疑也正是張鎮芳、張伯駒父子所期待得到的政治結論。

張伯駒赴西安任職

張伯駒連續做成幾件事情後，正在興頭上，甚至再次跑去求見張作霖，不自量力地為老將張勳復出說項。1924年2月下旬至3月初，虛歲二十七歲的張伯駒得到北京政府的正式任命，以簡任職分發陝西，出任陝西督軍公署參議。伯駒為此激動不已，其《秦遊詞·序》回憶：

> 余少年從戎入秦，寶馬金鞭，雕冠劍佩，意氣何其豪橫。

張伯駒接到任命即起程赴西安，儘管天氣仍然寒冷，伯駒興致勃勃遊覽華清池、八仙庵，心情格外愉快。伯駒《春遊社瑣談》記：

> 余二十六歲時曾到西安，值正月末往遊驪山華清池，逢雨雪，雲霧瀰漫，不見驪山頂。溫湯流入園池，熱氣如煙，籠罩池上。池兩旁迎春花盛開，景如畫。就貴妃池浴，水滑真如凝脂也。次日晴霽，又遊八仙庵。庵右院有玉蘭樹一株，高十餘丈，一人不能合抱。正花時，千葩萬蕊，若雪山瓊島，誠為奇觀。

可是，伯駒一到位於西安東北角皇城舊址的督軍公署，不禁大失所望。在公署裏擔任顧問、參議、諮議等閒差的人數眾多，無所事事，鬧得烏煙瘴氣。曾任陝西督軍的馮玉祥在《我的生活》裏描述伯駒到陝之前的情況說：

> 當閻（閻相文）督未入陝時，曹仲珊（曹錕）、吳佩孚將所謂顧問、參議、諮議八百多人一股腦兒塞給了他，要他帶在任上，與以相當安插。閻到任後，這八百「顧」「參」「諮」，就每天跑到督署要官要錢。那時督署每天要開五十桌酒席，以應酬他們，若以每桌十元計，僅此一項，每天就需五百元。若是取消此項應酬，勢必得罪這八百大人先生，亦即得罪了曹、吳；若不取消，則數萬人的軍食尚且不能維持，哪有力量供應他們。

到張伯駒任職的時候，陝西督軍公署的情況有所好轉，但如伯駒這樣有些背景的貴公子，為數仍然不少。張伯駒也在自己的詞作中記錄彼時生活，如其《八聲甘州》句：

> 憶長安春夜騁豪遊，走馬擁貂裘。指銀瓶索酒，當筵看劍，往事悠悠。

在這樣的氛圍裏，張伯駒雖有一定的政治抱負，亦是禁不起如此消磨。僅隔數月，1924 年 9 月爆發第二次直奉大戰，時任陝西督軍劉鎮華錯投直系，率部出陝作戰，一敗塗地，劉隻身逃亡山西。張伯駒為避戰亂，倉皇離陝回京，從此結束了他們父子共同的「豫系將帥」的癡夢，且再也沒有考慮過在軍事方面有所建樹。

張伯駒在《淒涼犯·序》中回顧西安「從戎」經歷時說：

壯歲入秦從戎，雖濫得勳賞，狗尾羊頭，殊不抵畫眉妝閣也。

其詞云：

玉驄翠陌，封侯悔、秦關憶賦離索。酒家醉飲，飛花路外，秦笳城角。殘愁鎮惡，向煙晚情懷淡薄。忘當年，樊川杜曲，迤邐剩荒漠。

追念長安事，寶馬貂裘，晚來遊樂。少年隊裏，想英姿、射雕雙落。誤我羊頭，怎還念春閨夢著。盼歸期、綠盡路柳，負約後。

張伯駒用"狗尾""羊頭"兩個典故，概括馮玉祥所描述的"顧""參""諮"羣像，實在是恰如其分。伯駒之婿樓宇棟撰《張伯駒小傳》云：

第二次直奉戰爭爆發，馮玉祥倒戈，曹錕下台，劉鎮華戰敗下野，伯駒時年二十八歲（應是虛歲二十七歲）。伯駒雖廁身於官場，但十分不滿軍閥那套腐敗生活，更看不慣上層人物那種在洋人面前奴顏婢膝，對老百姓卻敲骨吸髓，彼此之間又爾虞我詐的虛偽行徑，乃決心離開舊軍隊，辭去一切掛名差事。

樓宇棟準確地記錄下張伯駒在這一時期對於舊官場的厭惡情緒。

購置弓弦胡同新宅

　　張伯駒從西安返京後，於 1925 年以張鎮芳名義，在北京購置西四弓弦胡同一號住宅，避世不出。弓弦胡同的住宅，原名"似園"，其舊主人曾於 1980 年代後期以筆名"稚甫"在《燕都》雜誌撰文《張伯駒似園述往》，其文曰：

　　　　1925 年，經友人介紹，割愛售予張伯駒先生。先父遷出時，將其最得力的園藝工人大李留給伯駒先生。……似園坐落在西四大拐棒胡同內弓弦胡同路北一號。園的南牆貫穿整個弓弦胡同（原註：弓弦胡同路南無門，路北只此一家），園的北牆警爾胡同（原註：當時警爾胡同路南無門），東臨西黃城根北街，西臨大拐棒胡同，是一所四面臨街的方形院落。院內分東西兩部分：東部面積似大於西部，其中只一山、一池、一亭，別無建築，但小徑蜿蜒，山石嶙峋，花木扶疏，春鳥秋蛩，饒有真趣。西部西南角上是大門，可出入車馬。進大門迤東有南側廳，對面居中是一座垂花門，迎面是正廳，是一座兩進的明五暗十的大花廳，廳基較高，石階為十三級。垂花門東西兩側有抄手遊廊，北轉後，廊基逐漸升高，至正廳前廊銜接。院內無東西廂房，東面遊廊開有什樣錦窗戶，從窗櫺中依稀可見東園景物。正廳石階左右有西府海棠四巨株，院內西南隅有涼亭一座，東南隅有牡丹一壇。從正廳東西兩側往北可至後院，院內有後罩房。似園輪廓，大致有如上述。

張伯駒對這座新宅十分滿意，他聽說此宅更早是清末大太監李蓮英的別墅，借題發揮，作有《多麗》詞一首：

> 禁城偏，園林舊屬中官。仿官家、飛廊架宇，翠華傳駐雲駢。走黃塵，門喧車馬，擁絳雪、花壓欄杆。驕寵誰倫，恩榮無比，當時炙手焰熏天。自弈局、長安換劫，人世幾桑田。空留得、堂前舊燕，解話開元。

> 又今日、異時新主，吟儔重續詞壇。綠天深、風搖蕉扇，紅日晚、雨打荷錢。夢影難留，芳塵易逝，祓愁長應近樽前。更休再、歌騷譜怨，且共惜餘歡。人歸後、斜陽在樹，酒醒鳴蟬。

張伯駒所謂"李蓮英別墅"之說，實無確鑿證據。李蓮英之賜宅在中南海北夾道，另有房產若干處，但未見有關弓弦胡同的記錄。伯駒宅第從位置上看，更似是清末為隆裕皇太后所建的"南花園"；所謂"傳駐雲駢"，當係指隆裕故事。

張伯駒購置弓弦胡同新宅，準備開始新的生活。他的原配夫人李氏，婚後留在天津家中居住。伯駒在 1921 年納大鼓藝人小白蓮為側室，取名鄧韻綺，陪伴他住在北京。

張柳溪口述、張恩嶺整理《父親張伯駒的婚姻》文介紹：

1930 年代，張伯駒在叢碧山房寓所花園留影

　　我大媽（鄧韻綺）當年是唱得好的京韻大鼓藝人，我上大學時她已經四五十歲了，仍斷不了哼唱幾句。她的長相不算嬌豔，也不太善於打扮自己，穿着綢緞衣裝也不比別人更美，當年主要是唱紅了的。她到底是出身貧寒，所以很會料理家庭生活，她能把我父親在北京的生活安排得很好，北京家裏的管家和廚師也能按照我父親的需要隨時侍候，做出令我父親滿意的豐盛菜餚。

　　我大媽雖然不是很圓滑，但是也能處理與各方人士的關係，當時在北京的各種場合都是她陪伴我父親，和我父親來往密切的人都知道她。

鄧韻綺初嫁伯駒，兩人也曾有過一段比較恩愛的生活。伯駒詞有《新雁過妝樓‧七夕北海遊宴》，似即為鄧韻綺所作。其詞云：

斗漢高寒，銀灣渡、佳期再度今年。解歌長恨，簫鳳試奏連環。花倚交駕橋影外，鏡浮畫鷁水光間。醉無眠，碎珠露濕，長夜欄杆。

蘭舟珠燈宴樂，看暈脂秀靨，舞袖便娟。怨弦如訴，飛鴻不寄遙天。年時夢塵回首，怕容易、秋風吹鬢鬟。銅琶響，唱唸家山破，休悵飄鶯。

推敲詞句，應是聽大鼓名段《劍閣聞鈴》後有感而發，即當是受到鄧韻綺演唱的感染。張、鄧還曾於 1934 年春同遊江南，伯駒留有詞作，如《叢碧詞》裏的《鷓鴣天‧為惜疏香此小留》等篇。

張伯駒三十自壽詞

張伯駒納鄧韻綺之後，1926 年 2 月又納一側室，蘇州人，年僅十七歲，取名王韻緗。1927 年，王韻緗為伯駒生下一子，取名柳溪。寓真《張伯駒身世鈎沉》引伯駒《身世自述》記：

> 到我二十七歲（此處係實歲），我兄弟（伯駒原註：我叔父之子）病故，兩門只我一子，我父親催我再納妾，並指示以生育為目的，不論才貌，要身體肥壯。由鹽業銀行副經理朱虞生介紹了王韻緗。本來介紹的有兩人，王韻緗是其中之一，因為朱虞生的同居與王韻緗之母是朋友，那一個就沒叫她與我見面，力促王韻緗與我的成功。是年就與王韻緗實行同居，於我三十一歲時生了一子。這時我叔父（張錦芳）的同居楊氏也生一子。一個大家庭共居一處，大家都是享受懶惰，有鴉片煙癮的就有十人之多。

同書又引王韻緗於 1952 年 1 月 15 日向法院提交的離婚訴訟狀云：

> 原告王韻緗，娘家父親行醫為生，因生活困難，無可奈何之下，由我母親牽領到北京，寄居姑母曾姓之家。俟後又

因姑母家境亦感困難，故不得已之下，將我終身許與被告張伯駒。在我十七歲的那年，經鹽業銀行副經理朱虞生介紹，與張伯駒雙方見面後，張伯駒甚為同意。遂於 1926 年 2 月 2 日，與張伯駒結婚，寄居於北京簾子胡同。張伯駒聲明，暫且在此居住些時，再去天津回到家庭裏同居，並贈與我母親三千元，我即與張伯駒在京過活半年，後搬進天津家庭同住。

1927 年生下我子，以後我丈夫遂對我冷淡，以致置之不理。我過在舊社會裏，只有忍受。又因已有了兒子，並且公婆待我很好，所以總還希望他能回心轉意。但是，他竟完全置我於不顧。如此有名無實的夫婦生活七年之久。

張伯駒與王韻緗之子張柳溪後來也有回憶，張恩嶺為之整理成文《我父親張伯駒的婚姻》，其文記：

我媽是蘇州人，我姥爺從家鄉外出做工，在北京安了家。我父親經過大中銀行職員的介紹（柳溪所述不確）看中了我媽媽，就在北池子一帶弄了一套小院（應是簾子胡同），給我姥姥一筆錢，娶了我媽。他給我媽起名叫王韻緗，不久以後我媽媽就懷孕了，我爺爺奶奶早就盼望有個孫子，知道我媽媽懷孕後，就把我媽接到天津家裏與我爺爺奶奶同住。媽媽生下我之後，爺爺奶奶為了讓媽媽照顧好我，也為他們能看着我長大，就沒有再讓我媽回北京，而是留在了天津家裏，留在了爺爺奶奶的跟前。

我媽生長在一個比較貧困的家庭裏，家裏主要靠我姥爺幹活來維持生計。在這個家裏，父母關愛女兒，姐妹互相關愛照顧，女兒孝敬父母，聽父母的話，一家人共患難來維持全家的生活。我媽媽在嫁給我父親之前沒有真正接觸過社會，也沒有社會上那些市儈氣，不懂得阿諛奉承。她從小養成的習慣是老老實實，尊重孝敬長輩，關愛體諒同輩。她對任何人都老實、實在，辦甚麼事都考慮別人的需要和利益。到天津家裏和爺爺奶奶生活在一起，她仍然是這樣的性格。

張伯駒家人丁不旺，張鎮芳、張錦芳兄弟均納妾五六人，兩房子嗣卻僅二三人。伯駒生子柳溪前後，其生父張錦芳也得一子，取名家駿。張家連添兩丁，應是歡喜非常。

張伯駒與王韻緗之關係如何暫且不論，伯駒完成生子之責，生活愈加安逸，遂專在鹽業銀行任職，不再作非分之想；而所謂在鹽行任職，也只是為銀行開展一些公關活動，並不過多參與銀行業務，雖是清閒自在，難免空虛無聊。

張伯駒《鹽業銀行與我家》文記：

> 1926 年，北京行副理朱虞生調任上海行經理，王紹賢成為北京行重要角色，其後張作霖盤踞北京時代，王紹賢利用我和奉系的關係，同奉系軍閥來往，拉攏存款。

1927 年初，北京流行起傷寒、霍亂和天花等瘟疫，死者甚眾，城市氣氛至為壓抑。2 月 23 日，伯駒虛歲三十歲生日，作有《八聲甘州‧三十自壽》詞，檢討以往，明其心跡，句句皆是覺悟。詞云：

> 幾興亡、無恙舊河山，殘棋一枰收。負陌頭柳色，秦關百二，悔覓封侯。前事都隨逝水，明月怯登樓。甚五陵年少，

駿馬貂裘。

　玉管珠弦歡罷，春來人自瘦，未減風流。問當年張緒，綠鬢可長留？更江南、落花腸斷，望連天、烽火遍中州。休惆悵、有華筵在，仗酒銷愁。

其首句“幾興亡無恙舊河山，殘棋一枰收”，化用的是杜甫《秋興八首》裏的“聞道長安似弈棋，百年世事不勝悲”，恰是當時混亂政局的寫照。在這樣的時局裏，“封侯”與“駿馬貂裘”都無甚意義。張伯駒嚮往仿效南齊張緒，美風姿且具高品行。《南史·張緒傳》記：

　　緒少知名，清簡寡慾。……緒吐納風流，聽者皆忘飢疲，見者肅然如在宗廟。雖終日與居，莫能測焉。劉悛之為益州，獻蜀柳數株，枝條甚長，狀若絲縷。時舊宮芳林苑始成，武帝以植於太昌靈和殿前，常賞玩咨嗟曰：“此楊柳風流可愛，似張緒當年時。”

張伯駒把張緒作為人生榜樣，決心開啟新的生活態度與生活方式。

下

卷

張伯駒開始收藏

張伯駒決意放棄其政治理想以及在軍事方面的追求，告別"五陵年少，駿馬貂裘"的舊日生活，改以收藏中國書畫，創作古典詩詞以及學習演出京劇作為新生活的主要內容。

張伯駒的書畫收藏，最開始的藏品是清康熙帝墨跡，其《叢碧書畫錄》記載：

> 清康熙書橫幅
>
> 紙本。書"叢碧山房"四字，筆宗柳法。任丘博學鴻詞龐塏號叢碧，此或賜龐氏者。為予收蓄書畫之第一件，而予所居好植蕉竹花木，因自以為號。
>
> 清康熙書橫幅
>
> 描金黃蠟箋紙。書"嵩高峻極"四字。此為嵩山峻極宮匾額原本。

這兩件康熙墨跡應是同一時期收藏，可能時間上略有先後。張伯駒因而將弓弦胡同新宅改名"叢碧山房"，自己亦改號"叢碧"，可見這兩幅藏品對他有着特別的意義。

張伯駒所云"予所居好植蕉竹花木"，只是一句託詞，不可輕信。"叢碧山房"一幅，重在龐塏身世。龐塏生於 1657 年，歿於

1725 年，字霽公，號雪崖，河北任丘人，中舉後又以博學鴻詞授翰林院檢討，歷任內閣中書、工部主事、戶部郎中、福建建寧府知府等職。《清史稿‧列傳二百七十一》之《龐塏傳》記其早年故事云：

> （龐塏）生有至性。七歲時，父緣事被逮，母每夕禱天。塏即隨母泣拜，無或間也。

另有清人筆記稱，龐塏父入獄，其母憂憤而亡。年僅七歲的龐塏哀慟欲絕，感動街巷鄰里，眾人幫助龐塏將母殮葬。

龐氏幼年際遇，恰是暗合伯駒贖父葬母經歷。伯駒以"叢碧"為號，既是以"當世龐塏"自居，亦是以誌其自身慘痛家史。

"嵩高峻極"一幅，主要是與袁世凱贈張鎮芳壽聯相關。無論是袁世凱五十大壽，還是張鎮芳五十大壽，都曾以此典入聯賀壽。豈料在袁世凱逝後，張家敗落之時，偏是張伯駒獨獲康熙帝題字原件，反成莫大的諷刺。

康熙帝的"叢碧山房"與"嵩高峻極"兩幅墨跡，書法均非上乘，唯其對於伯駒之價值，幾乎無可替代，冥冥之中，如天注定。張伯駒《叢碧書畫錄》云：

> 予生逢離亂，恨少讀書。三十以後，嗜書畫成癖，見名跡巨製，雖節用舉債，猶事收蓄。人或有訾，笑焉不悔。

伯駒說自己三十歲以後開始收藏書畫，又以康熙帝"叢碧山房"為第一件藏品，自云"人或有訾，笑焉不悔"，頗有"不足為外人道也"的意味。個中複雜情感，也確是不了解伯駒家世者所無法理解的。

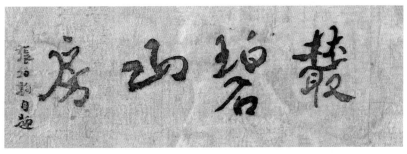

張伯駒自題叢碧山房

張伯駒開始創作詩詞

張伯駒《無名詞·序》云：

> 自三十歲學為詞，至庚寅（1950）後，二十年有集《叢
> 碧詞》。

張伯駒少小即有才名。樓宇棟、鄭重編《張伯駒生平簡表》記：

> 1906 年學會作詩，詩作被編入張鎮芳、馬麗軒等組成的
> "麗澤詩社"所編的《麗澤社諸家詩》。

張恩嶺著《張伯駒傳》[6]亦記：

> 張伯駒聰慧異常，有着驚人的記憶力，朝夕誦讀，過目
> 不忘，9 歲即能作詩。……有太康人士，曾於清光緒年間任
> 過翰林院庶吉士的王新楨，曾在《麗澤社諸家詩》一文中寫
> 道："伯駒，絧庵（原註：即張鎮芳）之子，麗軒之甥也，英
> 年挺出，直欲過前人，若《從軍行》《天上謠》等作，激昂慷
> 慨，魄力沉雄，有倚天拔地之慨。雖老於詩者，未必能辦。
> 麗軒稱其：素有大志，詩文皆豪邁可喜。信然哉。"可惜伯駒

6　張恩嶺：《張伯駒傳》，花城出版社，2013 年。

少年詩作未能保存下來。

張恩嶺註絧庵為張鎮芳是錯誤的，應是伯駒生父張錦芳。此兩則皆記伯駒虛歲九歲時事，伯駒詩作有《續洪憲紀事詩》及《紅氈紀夢詩》傳世，信手拈來，流暢自然，非有扎實幼功不能如此嫻熟，可證伯駒極早即開始作詩。王新楨評伯駒幼年詩作，云“激昂慷慨，魄力沉雄，有倚天拔地之慨”，恰可與伯駒《續洪憲紀事詩補註》裏自稱少年英氣“向不服人”語相印證。

袁世凱洪憲稱帝失敗後，張伯駒則應受袁克權（袁世凱第五子）等人詩風影響，轉以閨情綺怨為主題，憂鬱頹廢，袁克權《催妝詩為伯駒作》中即曾以溫庭筠喻伯駒，可知伯駒詩風不同以往。張伯駒自云“自三十歲學為詞”，實際是改以填詞為主，其詞風也是沿着溫庭筠風格轉換過來的。伯駒自悔少作，三十歲之前的作品，基本未編入詩詞集中；《叢碧詞》裏間或有數首，混雜其間，不易辨別，其餘皆已散佚。其三十歲後之詞，則情韻兼具，真摯自然，渾然天成。

周汝昌在《張伯駒詞集》的序言中評論說：

伯駒先生的詞，風致高而不俗，氣味醇而不薄之外，更得一“整”字。何謂“整”？本是人工填作業，而竟似天成；非無一二草率也，然終無敗筆。此蓋天賦與工力，至厚至深，故非扭捏堆垛、敗闕百出者之所能望其萬一。如以古人為此，則李後主、晏小山、柳三變、秦少遊，以及清代之成容若，庶乎近之。這種比擬，是論人之氣質，詞之風調，而不涉乎其人的身份經歷之異同。就中晏小山一家，前人謂其雖為貴

公子而有三癡焉，語絕可思。我以為如伯駒先生者，亦曾為
公子，亦正有數癡，或不止三焉。有此數癡，方得為真詞人，
而所作方是真正詞人之詞。

周氏引晏小山（晏幾道）之癡，典出黃庭堅《小山詞序》，黃云：

余嘗論叔原（晏幾道）固人英也，其癡處亦自絕。人愛叔
原者，皆慍而問其旨：仕宦連蹇，而不能一傍貴人之門，是
一癡也；論文自有體，不肯作一新進語，此又一癡也；費資
千百萬，家人寒飢，而面有孺子之色，此又一癡也。人皆負
之而不恨，己信之終不疑其欺己，此又一癡也。乃共以為然。

周汝昌為張伯駒之忘年友好，相知甚深；其以晏幾道喻伯駒，
既是論伯駒之詞，亦是論伯駒其人。

張伯駒開始學戲

樓宇棟《塵劫難移愛國志——淚憶岳父張伯駒》文引劉海粟語云：

> 叢碧詞兄是當代文化高原上的一座峻峰。從他廣袤的心胸，湧出了四條河流，那便是書畫鑒藏、詩詞、戲曲和書法。四種姊妹藝術互相溝通，又各具性格。堪稱京華老名士，藝苑真學人。

在張伯駒書畫鑒藏、詩詞、戲曲、書法的"四條河流"之中，戲曲發端最早，但伯駒卻是直到從西安回京後，才真正涉足其中。張伯駒《我從余叔岩先生研究戲劇的回憶》文記：

> 我二十八歲那年，請了余（叔岩）先生的琴師李佩卿給我說戲，在一年的工夫裏，我學會了很多齣余氏的戲。

李佩卿，字玉森，山西人，1897 年生，比伯駒大一歲，是一位極有才華的京劇音樂家，與京劇藝術家余叔岩合作可謂是珠聯璧合。余叔岩，本名第祺，1890 年（光緒十六年）出生於京劇世家，初以"童伶"名世；1915 年拜"伶界大王"譚鑫培為師。1916 年譚鑫培病逝後，京劇界形成楊小樓、梅蘭芳、余叔岩三大巨星並駕齊

驅之勢。楊小樓是譚氏義子，以武戲為號召；梅蘭芳工旦角，襲用
了譚氏"伶界大王"的稱號；余叔岩的走紅，晚於楊、梅，但因為
他與譚鑫培同屬老生，因而被視為譚氏藝術最重要的繼承者，後來
還形成了他自己的"余派"，至今仍被京劇界的老生行當奉為圭臬。
當時即有評論說：

> 叫天（譚鑫培）之歌喉，融豪放於輕清，而出之以渾成，
> 隨意拈來，無不協律。此能通神明於規矩，蓋非盡出諸學力
> 者。前乎叫天未之或聞其著勝者，各執其所以制勝之道，為
> 輕清、為豪放，而叫天能熔鑄之以天賦之音，假以熔鑄之力，
> 故負絕代之盛名，開千秋之宗派。後乎叫天者，亦叔岩一人
> 而已。行腔運字，一加考據。雖劇本繁簡，嗓子高下，或有
> 不同，而秉諸調發乎音者，則庶幾及之。叫天在，宗叫天；
> 叫天亡，則叔岩亦得其衣缽，非彼襲取鱗爪者所可同年而語
> 矣。（靈山《論余叔岩》）

余叔岩於 1923 年組織同慶社，次年更名勝雲社，步入其鼎盛
時期。也正是在這一階段裏，余氏得到李佩卿的鼎力相助。著名京
劇研究家孫養農在《談余叔岩》中談道：

> 李佩卿之佐早年余氏（余叔岩），就能將他盛年時代的衝
> 勁，發揮無遺。李氏的胡琴能包能隨，忽領先或宕後，有時
> 黏合一氣，有時奇峰突起。……而他的託腔忽單忽雙，點子
> 能花能簡，總是恰到好處。其他尺寸之徐疾得體，手音之准，
> 弓法之順，使唱的人舒服，聽的人痛快。最妙的是能把琴音

使出和余氏嗓音一樣的沉着古樸，錚錚然而略帶沙音。

可以説，在彼時除余叔岩外，李佩卿要算是教授余叔岩藝術的最佳人選。張伯駒是在余叔岩最紅的時候迷上余氏藝術，兼之李佩卿的精心指導，伯駒對京劇的愛好迅速達到狂熱程度。

張伯駒《紅毹紀夢詩註》記：

> 某歲，張作霖與馮玉祥軍戰，馮軍撤南口，張軍入京，城關車站皆駐兵。時叔岩在開明戲院演《托兆碰碑》，余自天津來京觀戲。津至京車為下午四時餘，因軍事誤車，至八時始開行，至東便門已十時，車站已駐兵不得入。忽見河南岸來一車，乃余之司機見車站不能入而徑來此接者，即過河上車直去開明戲院。始入座，正唱"金烏墜，玉兔升，黃昏時候"第一句導板，亦巧矣。

按：1924 年 10 月 23 日，馮玉祥發動"北京政變"，控制住北京局勢。張作霖則係於 1925 年 5 月底率部入關，次年與馮軍交戰，馮軍退守南口。如果伯駒的記憶無誤的話，其觀余叔岩戲事即是在 1926 年，伯駒實歲二十八歲。

張伯駒在 1915 年張鎮芳壽日堂會親見譚鑫培扮戲時，還是"惜余此時尚不知戲也"。相隔十年，其已不辭辛苦，不畏戰亂，從天津趕至北京觀看余叔岩的演出，前後判若兩人。

以余叔岩為師

李佩卿很快把張伯駒帶進京劇的門檻。伯駒《我從余叔岩先生研究戲劇的回憶》文裏說:

> 我三十歲時,彩唱了《二進宮》《空城計》《八大錘》三齣戲。

這三齣戲就應該是來自李佩卿的教授。但是,李佩卿吸食鴉片,煙癮極大,花銷也大,不得不四處給人說戲,增加收入。結果不僅壞了自己的名聲,也連帶着影響到余叔岩的聲譽。余叔岩為此與李佩卿鬧翻,幾乎要動起手來。余叔岩自己找到張伯駒,表示願意親為伯駒說戲。張伯駒《我從余叔岩先生研究戲劇的回憶》文記:

> 一個堂會上,見到了余(叔岩)先生。他對我說:"我們湊湊,你學甚麼戲,我給你說。"這次我們一見如故,第二天我就到椿樹胡同頭條他的家看望他,至此我不斷向他學習他的戲劇藝術。

余叔岩一向很少收徒傳藝,其門下弟子,可以概括為"三小四少"。"三小"是小小朵即楊寶忠、小譚即譚富英、孟小冬;"四少"是吳少霞、王少樓、陳少霖、李少春。這些弟子中,又只有號稱"冬皇"的孟小冬得到余氏真傳最多。京劇票友裏，能夠得到余叔岩指點的，更是寥寥無幾。余叔岩待張伯駒，不僅主動，而且較之教授孟小冬更為認真細緻，時間長久，這真是張伯駒的不世之遇。

從張伯駒的角度說，向余叔岩學戲亦須具備一定勇氣。當時社會風氣仍然保守，尤其是在舊式大家庭裏，正如孫養農之弟孫曜東所言：

> 老一輩人雖喜歡看戲，但僅作為消遣，看熱鬧，骨子裏對唱戲人是看不起的，因為那時的唱戲人社會地位很低，都是窮孩子，家裏養不起了，才送到富連成戲班去學戲的。[7]

一般家庭更是反對子女與戲劇演員來往，擔心跟他們"學壞了"。

袁靜雪也曾回憶說，其父袁世凱逝後，二哥袁克文在北京演出崑曲，大哥克定聽到消息後大怒，以為"玷辱家風"，居然通知警察總監派人去抓克文。袁克文則叫來青幫的徒子徒孫，把守劇院前後門，不讓警察進去。[8]

張伯駒向余叔岩學戲，應是同樣遇到過阻力，其《續洪憲紀事詩補註》即記：

> 余表叔高采臣者，人殊鄙俗，與余不相能；余喜演劇，又飾老生，高乃譖於先父曰："彼實應為將帥，做大官，但因演戲，破壞了風水。"

7　孫曜東口述，宋路霞編：《浮世萬象》，上海教育出版社，2004 年。
8　袁靜雪：《我的父親袁世凱》，文史資料出版社，1981 年。

　　不知張鎮芳、張錦芳等家中長輩，是否曾因此而干涉過伯駒學戲；但張伯駒學戲的決心沒有動搖過，而且異常刻苦，超過他做其他任何事情。其《紅毹紀夢詩註》記：

　　　　余三十一歲從余叔岩學戲，每日晚飯後去其家。叔岩飯後吸煙過癮，賓客滿座，十二時後始說戲，常至深夜三時始歸家。次晨九時，錢寶森來打把子，如此者十年。

　　這裏伯駒所說的開始學戲時間似不夠準確，尚待詳考。

　　余叔岩與張伯駒的好友孫養農也在《談余叔岩》書裏評價說：

　　　　他（張伯駒）跟余氏結交之初，對戲劇完全是門外漢，大概連西皮二黃都分不清楚，所以開蒙就是余氏。他跟余氏交遊有二十年之久，對於文武昆亂，都下過相當深的功夫，會的戲也相當的多。因為他生性沉默寡言，每次到余家去，如果不學戲，就在煙鋪上一躺，像徐庶進曹營一樣地一言不發，別人也都知道他的脾氣，所以也不多同他交談或寒暄，由他閉目屏息地躺在一旁，聽別人的談笑，或者余氏調嗓說戲。受這樣熏陶日子一多，加上耳濡目染，所以唱出來，很有幾分是處。雖然因為天生嗓音的關係，不能運用自如，但是在余派票友中，當然是老前輩了。所以我常說，無論伯駒唱的工尺是否跟叔岩所唱的有些出入，總之一開口就是余氏的韻味，是無可諱言的。

　　吳小如《說余派傳人》文說：

　　　　在北方的票友中，學余叔岩學得最直接、最標準、會得

余叔岩像

最多，路子也正的，應推張伯駒先生。他以貴公子身份同叔岩相交十年，通過豐厚的束脩、虔誠的禮教和深摯的友情，才從叔岩學到了一些“掏心窩子”的本領。可惜伯老天賦條件太不理想，又是半路出家，故其表達能力與其所知所能的差距太大。

包括孫養農、吳小如在內的京劇的內外行，都一致承認張伯駒是余叔岩藝術的正宗傳人；張伯駒能夠取得這樣的成績，在京劇界可以稱是一種奇跡。

張伯駒與奉系勢力

眾所周知，張伯駒學戲，"天賦條件太不理想"；那麼，作為京劇一代宗師的余叔岩，何以還要費盡周折親自為張伯駒說戲呢？究其原因，除了替代李佩卿的因素外，首先是吳小如所謂的"豐厚的束脩"。余叔岩亦如李佩卿一樣吸食鴉片，但不像李那樣沒有節制。較鴉片更為嚴重的是，余叔岩從很年輕的時候就開始便血，反反覆覆，並且病情逐步惡化。余叔岩之女余慧清《憶父親余叔岩》說：

> 父親二十餘歲時，每遇演出過累，小便即帶血，經手術後有過一個較長時期的穩定。他的病情在續弦後逐漸加重，最初只是排尿不暢，時而帶血，特別是在湖北演賑災戲《打棍出箱》後更加厲害。

余叔岩在 1925 年 6 月曾經接受過一次治療，住院兩月，經診斷為肺病及膀胱腫瘤。這次治療的效果尚佳，病情穩定了數年。但是到了 1928 年，余叔岩又意外地受到一次打擊。據他的好友薛觀瀾在《余叔岩的武戲文戲與小戲》文裏說：

> 民國十七年（1928）夏秋之交，因兒子（非余親生）被女

傭摔死，他（余叔岩）本人又受當時軍閥壓迫，於是一怒而
"剁綱巾"，永不登台唱戲。

病情與種種意外事件，導致余叔岩在 1928 年底散班輟演，徹
底不再接受營業性演出，只是在堂會或公益演出中才偶一登台。在
這樣的現實情況下，余叔岩要維持一定數目的收入，維持自己的生
活水平，就格外需要張伯駒"豐厚的束脩"，以及來自鹽業銀行的
支持。朱滌秋《讚余》文裏說：

> 余氏生平好友，就余所知，則鹽業銀行岳乾齋、張伯駒，
> 與吾浙名流魏鐵珊、孫陟甫。其所有收入，均存鹽業。如偶
> 有急需，而存款不敷，則岳、張常為墊付，所以岳、張兩家
> 有喜慶堂會，叔岩特別盡力，而從來不肯收戲份，必設法迫
> 之而後始收。

其次，余叔岩還需要張伯駒幫助維護其與奉系軍閥的關係。
自袁世凱病逝到 1928 年 10 月國民黨在南京成立國民政府的十餘
年間裏，北京的中央政府被各系軍閥勢力輪流控制，政局始終不能
穩定。在 1925 年至 1928 年間，張作霖的奉系勢力最為強盛，在長
江以北形成一家獨大的局面。1927 年 6 月 17 日，張作霖在北京組
成安國軍政府，自任大元帥，以潘復為內閣總理。張伯駒《鹽業銀
行與我家》文記：

> 1927 年張作霖到北京，自任為大元帥，派財政部次長董
> 士恩到天津邀我父親張鎮芳晤面，商談請他組織內閣事。我
> 父親到京住弓弦胡同一號。這時張作霖擬用老一輩的人出來

組閣，為他的大元帥支撐門面。我對父親說："你的政治生命，在復辟一役中已經決定了一生毀譽，而且現在南方革命是一種新生力量，揆諸大勢，勝敗難言，以不出來為是。"我父頗以為然，故到中南海周旋了兩天，打了兩次麻將，婉辭回津。其後張找梁士詒，梁也不幹；後來由張宗昌推薦，一向以智囊自命的潘復鑽營組成內閣。

張伯駒在回憶裏常常強調其家與袁世凱、張作霖兩大政治勢力的密切關係，前者毋庸置疑，後者則多語焉不詳，虛實難斷。按照伯駒的說法，張鎮芳險些出任安國軍政府內閣總理，但這樣重大的安排，卻未見有更多旁證。不過，伯駒與奉系人物來往較多，這也是事實。鹽業銀行即看准這一點，要求伯駒利用奉系當政機會，積極為鹽行拓展業務。

余叔岩與奉系也有着良好關係，張作霖與張學良父子都非常喜歡余氏的演唱，多次邀請余氏赴東北演出。余叔岩結交張伯駒，也有請伯駒幫助維護其與奉系交往的政治用意。

前文所提，張伯駒談到在某次堂會上，余叔岩表明願意為其說戲。這次堂會很可能指的是 1927 年 11 月 18 日安國軍政府軍事部陸軍署次長楊毓珣家堂會。

張伯駒在《紅毹紀夢詩註》中記述：

> 張作霖為大元帥時，楊毓珣時任陸軍次長，其母壽，在金魚胡同那家花園設宴演劇宴客，倩叔岩演《上天台》。叔岩不常演此戲，由李佩卿先到家吊唱，余即於戲單上寫戲詞。余問叔岩如何唱法，叔岩曰："就是一個上句，一個下句，安

排一下就好了。"後來了解音韻，知五聲之唸法與三級韻之運用，就是這樣自能結合劇情，安排唱腔；同身段一樣，知道節骨眼、起範兒、內外工、子午相，也自能安排身段。是日余同叔岩去那家花園，全廳已無隙地。叔岩演戲，余坐於台上地毯上，聽了一齣《上天台》。

孫養農《說余叔岩》裏也記錄到這次堂會：

> 余氏所灌唱片內，有一張百代公司所灌《上天台》中"姚皇兄休得要告職歸林"一段二黃三眼，大家都認為唱得十分精彩，使人百聽不厭；但是，從沒有看見他在台上演出過這出戲，認為是件憾事。其實他在一家堂會中演出過一次，可惜那天的聽眾，只不過是限於主人的至親好友們，所以能躬逢其盛的人，實在是太少了。
>
> 那天的堂會是楊梧山先生自壽，楊氏生平喜歡拉胡琴，曾經跟陳彥衡學過，最初是研究譚派的，後來遇見余氏，一見如故，再一聽他的唱，就傾倒得不得了，二人結為至好，余氏一生知己之中楊氏亦為其一。
>
> 那天所演的這齣《上天台》，是楊氏自己要求他唱的，因為他也是十分地愛好這出戲，而余氏又從來不演，所以就趁此機會特煩他，他感於知己，一定不會拒絕的。果然余氏破例地做了他生平唯一一次的演出。

張伯駒與孫養農都是這次難忘的堂會的參加者，分別留下了記錄，但兩人又有不盡一致之處。其一是，張伯駒記是日為楊毓珣母壽，孫記為楊自壽。其二是，張伯駒記主人為楊毓珣，孫記則為楊梧山。問題是，余叔岩演出《上天台》只此一次，張與孫都不應把主人記錯。

伯駒所記的楊毓珣，字琪山，長伯駒三歲，其父楊士聰於清代曾任山西鹽政使。楊士聰及其兄長楊士驤、楊士琦，都是袁世凱的親信。袁氏推行帝制時，楊士琦任政事堂左丞，是袁的得力幹將。袁、楊兩家結為親家，袁世凱將三女叔禎（袁靜雪），許配給楊士琦的姪子楊毓珣。因此，張伯駒家與楊毓珣家，也不會沒有交情。張伯駒云“張作霖為大元帥時，楊毓珣時任陸軍次長”，這個印象顯然是正確的。

孫養農所說的“楊梧山”，據其弟孫曜東《浮世萬象》裏云：

> 余叔岩當過一陣票友，……我九歲時他就到上海來唱堂會，是到大西路楊梧山（原註：軍閥的兒子）家唱堂會。楊梧山有一兄弟名楊岐山，也是軍人，是袁世凱的女婿，與張學良是一輩人。那時余叔岩到上海就住在我家安豐里。

孫曜東所云“楊岐山”應是“楊琪山”之誤，亦即楊毓珣。但楊氏家族十分龐大，楊梧山與楊毓珣是同胞兄弟或堂兄弟，尚難查實。

總之，張伯駒與余叔岩交好，與二人均與奉系勢力來往密切，也有着一定的關係。

附　記楊毓珣事

徐友春主編《民國人物大辭典》[9]記楊毓珣：

> 字琪山，安徽泗縣人，1895 年（光緒二十一年）生。畢業於北京陸軍大學第五期。歷任江西警備隊統領，北京大總統府侍從武官。1926 年 7 月，任北京政府參謀本部次長。1927 年 6 月，任北京政府軍事部陸軍署次長。1928 年 4 月，兼北京政府軍事部軍政署署長。國民政府授陸軍中將。1940 年 3 月，任汪偽中央政治會議議員。1945 年 2 月，任汪偽山東省省長；4 月任汪偽山東省省長兼駐濟南綏靖主任。抗戰勝利後被逮捕。1947 年病死於獄中。年 52 歲。

楊毓珣曾祖父楊殿邦，曾於清道光年間任職漕運總督；祖父楊鴻弼有八子，較為知名者為士燮、士晟、士驤、士琦、士驄等五人。

楊士燮字味青，曾任清淮安知府；其子楊毓章，民國時期曾任中國銀行天津行經理，即著名翻譯家楊憲益之父。

楊士晟字蔚霞，與張伯駒父張鎮芳為同科進士，清時曾任無錫知縣，民國時期任職蕪湖關監督、蘇州關監督。

楊士驤字蓮甫，晚清曾任直隸總督兼北洋大臣。

楊士琦字杏城，清末至民初先後為李鴻章、袁世凱幕僚，深受袁世凱倚重，民國初期曾任交通總長、政事堂左丞。

9　徐友春：《民國人物大辭典》，河北人民出版社，1991 年。

楊士驄字芰青，清末任山西巡鹽道，民國初期任眾議院議員。

楊毓珣即出身於這一顯赫家族，為楊士驄之子，娶妻袁世凱之第三女袁靜雪，但楊袁夫婦關係不睦。袁靜雪在其回憶文章裏，記清末袁世凱罷職事件説：

> 楊士驄（原註：他是當時直隸總督楊士驤和後來我父親倚如左右手的楊士琦兩個人的八弟）正做着京津鐵路督辦，便在夜間護送我父親到了天津，住在法租界利順德飯店。我父親原想由天津逃往日本。可是，我父親的門生楊士驤得到消息以後，立刻派他的兒子兩次到利順德飯店説明利害，勸我父親回京，他自己卻避嫌沒有出面。我父親接受了楊士驤的建議，這才又回到了北京。

袁靜雪用這樣的方式，為其與楊毓珣的婚姻，留下了一點痕跡。其所云之事，張伯駒在《續洪憲紀事詩補註》裏亦有記錄，但伯駒稱袁世凱自津返京，係其父張鎮芳之建議。

袁世凱的另一女婿薛觀瀾所著《我親見的梅蘭芳》裏有《楊琪山滿口要吃人》，其文記：

> 還有我的連襟楊琪山（原註：曾任張作霖的副官長），他根本不懂戲，但因他的先輩個個都是戲迷，所以他亦以戲迷自居，且非余叔岩派不學。他要求我教他幾句特別的余派唱詞，我就教他《汾河灣》的西皮搖板如下：「聽一言來走二魂，頭澆冷水懷抱冰，適才打馬汾河境，見一玩童打彈精，彈打南來當頭雁，槍挑魚兒水浪分，我方才與他把話論，猛虎下

山要吃人哪。"按"吃"是上口字，此處該作"齒依"切。楊琪山認為余味十足，喜不自勝，於是一天到晚哼這句"要吃人哪"，可惜他在淮城長大，滿嘴江北口音，大抵江北、天津、紹興、寧波及閩粵人士，學唱皮黃最感困難。至於蘇州、無錫的方言，因其鄰近崑山，學戲毫無困難。故京角原籍蘇錫者最多。觀瀾昔在順承王府，親眼得見，每值張大元帥作霖午睡之時，孫傳芳、張宗昌、張學良、張作相、吳俊升、湯玉麟、韓麟春、褚玉璞等八個軍團長，戰戰兢兢，唯恐吵醒老帥，只有楊琪山，時任張氏的副官長，毫無顧忌，他用力推動鐵絲門，老帥常被他吵醒，他卻滿不在乎。

曾任國民黨"國民參政會"參政的齊世英在《齊世英口述自傳》裏記，1936 年因"國民大會"代表選舉，齊世英與張學良意見不一，楊毓珣曾代表張氏找齊談判。齊世英云：

> 後來張漢卿（張學良）派楊毓珣來找我說："怎麼樣？妥協好不好？辦法是你有甚麼人當代表，把名單給我，我帶到西安，由張漢卿提出，給他面子，東北事要推重他。"我倒不是不推重他（張學良），只是他種種表現都不行。他已到西北，還做了副司令，不管東北事，還要把東北當臣民，這種事我當然不同意，但我不好對楊毓珣說，我只跟他講，我得跟大家商量，結果當然沒有下文。

楊毓珣於 1936 年 1 月 23 日被國民政府授銜陸軍中將，在張學良處任職。"西安事變"後張學良被囚，楊毓珣亦被國民黨擱置一旁。其後投靠汪精衛，抗戰勝利後被捕入獄，1947 年病死獄中。曾於 1946 年擔任國民黨第十一戰區政治設計委員會副主任，後出任中央人民政府典禮局局長的余心清，被關押在位於南京羊皮巷的國民黨國防部軍法局看守所時期，剛好與楊毓珣在同一監室。余心清在所著《在蔣牢中》[10] 裏，為楊毓珣留下最後的記錄：

> ……接着是一位胖子戴着眼鏡，五短身材，右邊眼皮下的神經不時地在抽搐着，這樣使他那個左眼僅只剩下了一條縫。他說："我們在甚麼地方見過面，你尊姓啊？"我們互通了姓名以後，彼此都社交地說："久仰，久仰。"這矮胖子的名字叫"楊毓珣"，楊士奇的兒子（余誤，應係楊士琦之姪），袁世凱的第三個駙馬爺，做過北洋政府的參謀次長，敵偽時代的山東偽省長。日本失敗後，向蔣介石投降，當過三天的總司令就換了班，後又因漢奸案被控，關了起來。他在這裏住了兩年，還未審過一次。……楊毓珣給我買了一個漱口杯和一雙鞋帶。……駙馬爺給我幫忙的地方也很多。凡是我要他做的，他都大膽地做去，好像滿不在乎似的。這裏面有兩種關係：一是因為和我同鄉，有些鄉土觀念；再就是他和張學良是把兄弟，西安事變，他是張的駐京辦事處長，現在張被押，他也被押，這給了他思想上很大的刺激。以後他常常和我咬着耳朵說："大家出去，還要合作。""小心點吧"，我帶開玩笑地回答他。

10　余心清：《在蔣牢中》，文史資料出版社，1981 年。

......

　　楊駙馬的一張嘴，總是關不住，晚上睡得最早，清晨起得也最早，一起牀，他就找一個人做説話的對象，和人扯皮。不一會，兩方就幹起來，愈幹愈凶，始而口角，繼而對罵，然後大罵特罵，最後全武行，大打特打。（同監的）王少將的一張嘴也不示弱，平常總是他們兩個人幹。有一次吵得不可開交，（同一監室的另一位）劉少將忍耐不住地勸楊説："這次是你的不是，以後説話不要過分尖刻。"楊還擊道："你們黃埔系，想聯合起來壓迫我嗎？我不吃這一套。"

　　這位駙馬的血壓很高，常常吵打後手腳發麻，以後一次和海南島的"要塞司令"幹起來了，被那位青年的"將官"騎在他的身上，胳肢他一大頓，第二天清晨，就全身麻木，下午就死掉了。

楊毓珣的下場要算是很淒涼。

袁克文的影響

張伯駒熱衷於收藏、填詞、學戲，還與袁克文的影響有關。

袁克文生於 1890 年（光緒十六年），與余叔岩同歲，均長伯駒八歲。克文字豹岑，又字抱存，號寒雲，生母是袁世凱第三妾、朝鮮人金氏。其同胞妹袁靜雪回憶說：

> 二哥袁克文，小名叫做招兒，從小過繼給大姨太太為子。他小時候很頑皮，既沒有正正經經地唸過書，也沒有正正經經地練過字。但是他極聰明，有着"過目不忘"的"本領"，所以他對於寫字、填詞、作詩、做文章，都有着比較好的成就。我父親對外的比較重要的信件，有的時候由他代筆。我們彰德老家的花園（原註：養壽園）內的匾額、對聯，就是我父親讓他撰擬和書寫的。我父親對他是比較偏愛的，有時候得到了好的古玩，總是叫了他來，當面"賞"給他。有時候看到飯桌上有好菜，也經常叫他來同吃。大姨太太對於二哥更是十分溺愛，二哥向她要錢用，她從不駁回；如果實在不能滿足二哥的要求，她也會向我父親轉要了來，供給他用。因此，二哥從小就養成了用錢如流水的毛病，以致最後他不得不靠着賣文、賣字來維持生活。說起來，這是和大姨太太對他的溺愛有着極其密切的關係的。

按照袁靜雪的敍述，袁克文幾乎就是袁家的賈寶玉，而且因為父親疼愛，境遇還要超過賈寶玉。

袁世凱為了培養袁克文，還一反常態地為克文聘請了一位放蕩不羈的才子，即有"聯聖"之稱的揚州名士方地山，作為克文的老師。袁克文與方地山師徒關係極好，乃至後來克文子家嘏，娶方地山女為妻，袁方兩人又成為親家。

袁世凱就任民國大總統及洪憲帝制期間，袁克文隨同父親遷居中南海，克文住在流水音，以陳思王曹植自詡，領袖當時文壇，日常與方地山、易哭庵、何㘚威、步林屋、羅癭公、黃秋岳、梁鴻志等名士往來唱和，揮金如土，放浪形骸，極是引人注目，而袁世凱亦不與其更多計較。

在袁家與克文不睦的是袁世凱長子袁克定。袁克定熱衷政治，"好擺譜"，尤其是時刻防範着二弟克文會動搖自己的"儲君"地位，對克文頗不友善。

張伯駒父張鎮芳在政治上與袁克定比較接近；可能正因為這一點，袁克文也非常反感張鎮芳。張勳復辟案結束，袁克文落井下石，公開對張鎮芳加以批判。1920 年，袁克文為上海《晶報》撰寫連載文章《辛丙秘苑》，其中有《張鎮芳反覆》一節，怒斥說：

> 張（鎮芳）以至戚，且賴先公（袁世凱）而致官祿，初寒士今富翁矣，竟反覆若是，斯尚不若禽獸之有心也。張勳復辟，張以偽尚書兼議政大臣，事敗就獲，判徒刑入獄，雖遭縲紲，為平生未經之慘痛，而苟全性命，已至幸矣。身敗名裂，天道之薄懲耶？

自從袁克文文章發表，張鎮芳張伯駒父子即與袁克文斷絕往來，雙方近十年沒有走動。伯駒《寒雲詞序》云：

> 余與寒雲為中表戚，方其盛時未嘗見也。己巳歲始與過從，共相唱酬為樂，乃恨相見之晚焉。

己巳歲即 1929 年（民國十八年），伯駒虛歲已三十有二。伯駒與袁克文重逢，誠如魯迅詩云，“渡盡劫波兄弟在，相逢一笑泯恩仇”，共同的經歷，共同的感受，以及共同的愛好，令伯駒與克文將兩家的恩恩怨怨，盡皆拋擲腦後。特別是張伯駒，深深為袁克文的才華與人格魅力吸引，視袁為偶像，不由自主地跟隨其後，亦步亦趨。

張伯駒《春遊社瑣談·袁寒雲踏莎行詞》有一段生動的記載：

> 庚午歲（1930）冬夜，以某義務事共演戲於開明戲院。寒雲與王鳳卿、王幼卿演《審頭刺湯》，寒雲飾湯勤。亂彈戲寒雲只演《群英會》《審頭》之蔣幹、湯勤兩角，學於老蘇丑郭春山。郭此戲極有矩矱，而寒雲飾演更生色。大軸為《戰宛城》，余飾張繡，溥侗（伯駒原註：紅豆館主）飾曹操，為黃潤甫真傳。閻嵐秋（伯駒原註：九陣風）飾嬸娘，錢寶森飾典韋，許德義飾許褚，傅小山飾胡車。終場夜已將三時，卸裝後余送寒雲至靄蘭室，飲酒作書。時密密灑灑，飛雪漫天，室內爐暖燈明，一案置酒餚，一案置紙墨，寒雲右手揮毫，左手持箋，即席賦《踏莎行》詞。詞云：
>
> 隨分衾稠，無端醒醉，銀缸曾是留人睡。枕函一晌滯餘

温，煙絲夢縷都成憶。

依舊房櫳，乍寒情味，更誰肯替花憔悴。珠簾不捲畫屏空，眼前疑有天花墜。

余和作云：

銀燭垂消，金釵欲醉，荒雞數動還無睡。夢回珠幔漏初沉，夜寒定有人相憶。

酒後情腸，眼前風味，將離別更嫌憔悴。玉街歸去闃無人，飄搖密雪如花墜。

時已交寅，余送歸去。詞上闋憶韻誤以入作去，余亦未注意之，迄今三十餘年乃為發見。在當時為寒雲興到之作，因偶失韻，宋人亦嘗有之，固無妨也。後人知其詞而不知其事矣，爰為記之。

《寒雲詞》收錄此首《踏莎行》，註明"宿粉房琉璃街靄蘭室"。粉房琉璃街在今北京驢馬市大街至南橫街間，與開明戲院相距不遠。靄蘭似為妓名。兩首《踏莎行》詞一併觀之，恰可明白看到張伯駒對於袁詞的迎合與模仿。

可惜的是，張伯駒與袁克文的這段弟兄知己的交往，僅有三年時間。1931 年 3 月 22 日，袁克文在天津河北區兩宜里住宅病逝。伯駒作聯輓之云：

天涯落拓，故國荒涼，有酒且高歌，誰憐舊日王孫，新亭涕淚；

芳草淒迷，斜陽黯淡，逢春復傷逝，忍對無邊風月，如此江山。

"天涯落拓"句，一作"天涯漂泊"。"逢春復傷逝"句，一作"相逢復傷逝"。

袁克文身後，張伯駒為其編印了《寒雲詞》作為紀念。伯駒晚年著《續洪憲紀事詩補註》，一面對袁克文《辛丙秘苑》文加以批駁，一面亦對克文表示出無限懷念。伯駒云：

> 余登台演劇，以凍雲樓主名，又有人謂為"中州二雲"者。沽上詞人王伯龍題余《叢碧詞》云："洹上起寒雲，詞壇兩俊人。"

同書又記：

> 庚戌 (1970) 春，余與張牧石往訪西沽某詩人，問寒雲墓，欲往一弔，云寒雲墓已為其家人遷去，不知移葬何處，為之惘然。

張伯駒乃作歌云：

> 悲歌對酒各天涯，涕淚新亭日又斜。
> 卻恨故人成宿草，不曾沽上弔桃花。

張伯駒平生以附克文之驥尾為榮，其所津津樂道之所謂"四公子"說亦然。

1927 年，袁克文與方地山（右）合影

京劇背後的銀行爭鬥

　　三十歲的張伯駒正在忘情地與袁克文詩詞唱和，與余叔岩觀劇學戲的時候，中國政局發生了較大的變化。1928 年 4 月 7 日，南方的國民政府宣佈以蔣介石為總司令，率軍北伐，一路勢如破竹。6 月 4 日，張作霖匆忙撤離北京，途經皇姑屯時遇難身亡。10 月 10 日，國民黨改組國民政府，重新建立全國統一政權，蔣介石出任國民政府主席；新政府定都南京，改北京為北平特別市。12 月 29 日，張作霖之子張學良宣佈東北易幟，其後張學良被任命為國民革命軍副總司令，在北平設立副總司令行營，東北、華北各省軍事，統歸張學良節制。

　　張伯駒、袁克文、余叔岩等在這次的 “小型易代” (張中行語) [11] 中皆置身事外，一面是他們仍然受到奉系勢力的保護，一面是不再作為首都的北平，整座城市都如釋重負般輕鬆下來，反而給他們提供了更加安逸的環境。

　　儘管如此，北平仍然不是世外桃源，長期戰亂產生的舊有的矛盾尚未解決，新政權又催生出許多新的矛盾。張伯駒認為，1931 年 12 月 21 日在北平虎坊橋 45 號 (今晉陽飯莊所在地) 成立的 “國

11　張中行：《負暄瑣話》，黑龍江人民出版社，1986 年。

劇學會”，就是這種新矛盾的產物。

張伯駒《紅氍紀夢詩註》記：

> 李石曾以退回庚子賠款成立中華戲曲音樂院，內設南京
> 分院、北平分院。南京分院屬程豔（硯）秋，北平分院屬梅蘭
> 芳。南京分院並不在南京，仍在北平，院內並附設戲曲音樂
> 學校。北平分院則只成立一委員會，梅蘭芳、馮耿光、齊如
> 山、余及王紹賢為委員，既無附設學校，亦無研究機構。李
> 又以庚款支持程赴法國出演，一時程大有凌駕乃師梅蘭芳之
> 上之勢。此時由馮、齊、王及余倡議，梅、余（原註：叔岩）
> 合作，成立國劇學會，此為師生鬥法之事。至外傳張冠為張
> 宗昌，非是，乃中國銀行總裁張嘉璈也。中國銀行有馮耿光、
> 張嘉璈兩派。馮捧梅，張捧程。後李石曾自對人言云，支持
> 程豔（硯）秋乃受張公權（原註：嘉璈字）之託也。此內幕非
> 外人所能知者。豔（硯）秋自法回國後，余曾往觀其演出，舊
> 時紅緞金繡門簾台帳換了一灰布帳子，場面皆在灰布帳子之
> 內。按舊戲場面，須與演員心神相接，尤其在身段上打鼓師
> 須隨時相應。中國戲曲之技術與西洋戲曲之技術自有不同，
> 而台上設置亦不能同。但豔（硯）秋只重唱，卻亦無妨。王瑤
> 卿對豔（硯）秋一字之評為“唱”字，身段武工，在其次矣。

張伯駒關於國劇學會的記錄，留下數種版本。其在臨終前撰
有《北平國劇學會成立之緣起》，對此事敍述更詳。

> 梅（蘭芳）氏之友好多為不平，乃浼余約梅蘭芳、余叔岩

合作，發起組織北平國劇學會，募得各方捐款五萬元做基金，於 1931 年 11 月（伯駒所記時間有誤）在虎坊橋會址（原註：現為晉陽飯莊）成立。選出李石曾、馮耿光、周作民、王紹賢、梅蘭芳、余叔岩、齊如山、張伯駒、陳亦侯、王孟鍾、陳鶴蓀、白壽之（芝）、吳震修、吳延清、段子均、陳半丁、傅芸子為理事，王紹賢任主任。理事陳亦侯、陳鶴蓀任總務組主任，梅蘭芳、余叔岩任教導組主任，齊如山、傅芸子任編輯組主任，張伯駒、王孟鍾任審查組主任。教導組設傳習所，訓練學員，徐蘭沅任主任。

此外，張伯駒《春遊瑣談》裏也收有一篇《北平國劇學會緣起》，說法與以上二種在細節上又略有不同。

張伯駒作為親歷者，披露內幕說，國劇學會的創立與梅蘭芳、程硯秋師徒相爭有關；而梅蘭芳與程硯秋的師徒相爭，又與中國銀行內部的鬥爭緊密關聯。

中國銀行在南京國民政府成立之前，事實上具有“國家銀行”的地位。中行原有三大巨頭，即王克敏、馮耿光與張嘉璈，三人既有分歧，又可合作。蔣介石率軍北伐期間，時任中行代總裁馮耿光與副總裁張嘉璈一致認定國民黨將獲勝利，不惜動用巨款予以支援。可是，蔣介石的胃口實在太大，且對中行加以武力威迫，令中行苦不堪言。南京國民政府成立後，蔣介石變本加厲，直接要求中行接受政府領導，作為國民政府之“央行”，受到馮耿光與張嘉璈的抵制。1928 年 11 月 1 日，國民政府在上海正式設立自己的國家銀行即中央銀行，以財政部長宋子文兼任總裁，陳行為副總裁；同時強令中國銀行與交通銀行改組，中行被規定為"政府特許之國際匯兌銀行"，增加官股比例，派遣官股董事及監察人，由財政部指派時任中央銀行監理會主席的李銘為中行董事長，由常務董事推舉張嘉璈為總經理，常務董事為張嘉璈、宋漢章、馮耿光、李銘、陳光甫等五人。在這一輪的人事變動中，馮耿光的權力和地位明顯下降。

馮氏被排擠開後，蔣介石、宋子文與李銘、張嘉璈之間，又爆發出更大的矛盾。蔣介石密令掌握政府財權的孔祥熙與宋子文，"今日國家險象，無論為政府與社會計，只有使三行（中央銀行、中國銀行、交通銀行）絕對聽命於中央，徹底合作，乃為國家民族唯一之生路。"在蔣介石的鐵腕之下，1935 年 4 月 1 日，中行董事會再次變動，改總經理制為董事長負責制，宋子文出任董事長，宋漢章任總經理，張嘉璈則被趕出中行，轉任有職無權的中央銀行副總裁。至此，中國銀行遂為國民政府所徹底控制。

從這一過程來看，國民黨政府奪取中行的手段，似乎是採取分化瓦解的辦法，先拉攏張嘉璈，排擠馮耿光；然後再把張嘉璈也排擠出局。馮耿光晚年在《我在中國銀行的一些回憶》裏即持這樣的看法，認為張嘉璈"對國民黨還存有幻想"，在 1928 年的中行改組中，"張嘉璈實際上是參與方案的擬定的"。而到了 1935 年中行再次改組，馮耿光說："國民黨以迅雷不及掩耳的快速度攫取中行，聽說王克敏和胡筆江都是宋子文的幕後策劃人，但張嘉璈卻事前毫無所聞，完全處於被動地位。"

張伯駒所談的創設國劇學會，就發生在中國銀行兩次改組之間；伯駒認為，彼時張嘉璈正在利用國民黨勢力開展中行的內部鬥爭，其辦法之一是，通過李石曾出面捧程硯秋，程是梅蘭芳早年所收弟子，後來與梅氏並列為京劇 "四大名旦" 之一。李石曾主導於 1930 年設立中華戲曲音樂院，即有意要以南京壓北平，以程硯秋來壓制梅蘭芳，令程的社會地位凌駕於其師之上。而打擊梅蘭芳的目的，則在於打擊馮耿光。

馮耿光是梅蘭芳最重要的贊助者。梅蘭芳《舞台生活四十年》[12] 說：

> 我跟馮先生（耿光）認識得最早，在我十四歲那年，就遇見了他。他是一個熱誠爽朗的人，尤其對我的幫助，是盡了他最大的努力的。他不斷地教育我、督促我、鼓勵我、支持我，直到今天還是這樣，可以說是四十餘年如一日的。所以我在一生的事業當中，受他的影響很大，得他的幫助也最多。這大概是認識我的朋友，大家都知道的。

馮耿光早年是日本陸軍士官學校第二期中國留學生，歸國後任清廷軍諮府第二廳廳長，民國初期授銜陸軍少將。1918 年 2 月 24 日，他受代大總統馮國璋任命，出任中國銀行總裁，1922 年 6 月 5 日卸任；1927 年 1 月 27 日再度擔任中國銀行代總裁，到 1928 年 10 日中行改組，轉任常務理事。

馮氏執掌中行期間，把多位梅蘭芳的支持者即所謂 "梅黨"，帶入中行任職。因而所謂 "梅黨"，在中行內部即是 "馮黨"。梅蘭芳因馮耿光的支持，在社會上有着中國銀行 "形象代言人" 的意義，梅氏本人也是中行私人股東，其大額收入存放中行，由中行負責為其理財。張嘉璈既以馮耿光為對手，鑒於馮、梅幾乎公開的特

12　梅蘭芳：《舞台生活四十年：梅蘭芳回憶錄》，新星出版社，2017 年。

1913 年冬，"梅党" 成員馮耿光（右一）、李釋戡（右二）、舒石父（左一）與梅蘭芳（左二）在上海的合影。

殊關係，才選擇從打擊梅蘭芳入手，既打擊了馮耿光及其在中行的 "馮黨"，也大幅度削弱了馮氏在社會上的影響力。

　　張伯駒的回憶，言下之意就是，北平國劇學會的成立，是 "梅黨" 或 "馮黨" 聯合鹽業銀行對張嘉璈等人的一次反擊。

　　張伯駒的話固然言之成理，但亦其個人之理解，僅可作為參考。程硯秋與梅蘭芳師徒間的明爭暗鬥雖屬事實，但程硯秋是否參加了張嘉璈、李石曾等的 "反梅" "反馮" 陣營，以及程氏背後之政治與金融力量，則係極其複雜問題，須有待更多證明。尤其是馮耿光與張嘉璈之間有着很深的誤解，即使馮的話與伯駒相近，亦未必即是事實。

國劇學會成立日之演出

《國劇畫報》1932 年第 1 卷第 21 期，1 頁

張余合著《近代劇韻》風波

張伯駒在談到自己在創立國劇學會時之作用，說法有所差異。伯駒《春遊瑣談》之《北平國劇學會緣起》：

> 梅（蘭芳）氏之友好多為不平，遂浼余為間，約余叔岩與梅畹華（梅蘭芳）合作，發起組織北平國劇學會。

伯駒《紅毹紀夢詩註》記：

> 此時由馮（耿光）、齊（如山）、王（紹賢）及余倡議，梅、余（叔岩）合作，成立國劇學會。

伯駒《北平國劇學會成立之緣起》記：

> 梅（蘭芳）氏之友好多為不平，乃浼余約梅蘭芳、余叔岩合作，發起組織北平國劇學會。

這都表明張伯駒在此事中是核心人物之一，負責在梅蘭芳與余叔岩之間居中聯絡。但是，余叔岩與梅蘭芳、程硯秋之關係，亦是既有合作又有爭鬥。余叔岩能否僅憑張伯駒的遊說，便輕易接受其聯梅抗程方案？

在國劇學會成立之前，余叔岩與張伯駒剛剛有過一次爭執。

1931 年 2 月，張伯駒以"余叔岩、張伯駒合著"的名義，在北平京華印書局出版了一本《近代劇韻》。伯駒《我從余叔岩先生研究戲劇的回憶》文記：

> 余（叔岩）先生唱唸的發音、收韻特別講究。他對戲劇音韻學有家學淵源與自己的研究。……後來余先生又從魏鐵珊老先生研究音韻學，他經常看的書是《李氏音鑒》。我們為了在唱唸上抓住根本，就一起研究音韻學，對陰陽平、上、去、入在戲劇裏的唸法以及尖團字、上口字、發音、收韻與切音的關係，"三級韻"的運用方法等，余先生都結合他的經驗作過闡發。我根據他所說的，又參考一些韻學書，寫了一部《近代劇韻》。……對於這部書我們之間也有過不同意見，例如"愁"字，無論哪種韻書上都是唸尖音，而在近日皮黃戲裏非唸團音不可。我認為應該唸尖音，余先生以為非唸團音不可。因此在所寫的《近代劇韻》裏，我還是把"愁"字列入團字裏邊，而附詳各韻書都作尖字。……《近代劇韻》一書雖經寫好印出，余先生還怕有錯誤之處，以至貽笑大方，所以並未發行。

京劇的前身是徽劇與漢劇，而且這兩種地方戲劇又因為同在北京發展之故，一面是同台演出，相互融合，一面是分別實現了自身的"北京化"；這就使得京劇的發音很難在短時間內如同傳統詩詞的韻書一樣，可以總結出規律，形成某種紀律。京劇研究家劉曾復即在其所著《京劇說苑》裏指明，"總地說來，'三級韻'是唱唸腔調設計的經驗辦法，不是純音韻問題。"[13]

　　余叔岩與其周邊的"智囊"們，日常喜歡以劇韻為話題，也以"中州韻"為標榜，其實要真正在京劇演唱中運用，就不免有紙上談兵之嫌。張伯駒書生氣十足，其學戲時間不長，且自身尚有較重鄉音，卻膽大妄為地動手編輯京劇劇韻，要為京劇"立法"，可謂是費力而不討好。伯駒如果是自己要做，旁人最多只是一笑了之，但伯駒卻要硬拉着余叔岩與其共同署名，余叔岩便不再給伯駒這個面子了。

　　從現存的數種《近代劇韻》版本來看，竟出坦三種署名方式。一種是署名著者為余叔岩；一種是署名"項城張伯駒、羅田余叔岩"；還有一種或是伯駒自己所存，署名處將"項城張伯駒、羅田余叔岩"刪去，毛筆改書"叢碧"二字。

　　從這三種署名方式就知道，余叔岩不僅不同意使用其名義，且連與伯駒共同署名都不接受，最後前兩種版本都是印出後即被收回，余氏堅決不允許其發行。張伯駒自己亦一度失去信心，準備改用別號"叢碧"再印。張伯駒其人也確實執拗，國劇學會成立後，學會出版刊物《戲劇叢刊》。張伯駒又一意孤行地將《近代劇韻》改名《亂彈音韻輯要》，由其單獨署名，在《戲劇叢刊》的第二、三、四期連載。

　　從這件事情可以看出，余叔岩有自己的主見，對於張伯駒，並非是言聽計從。《近代劇韻》一事尚且如此，創建北平國劇學會，要與南京國民政府及程硯秋公開對抗，余叔岩豈會輕易為張伯駒所

13　劉曾復：《京劇說苑》，學苑出版社，2012 年。

左右？

張伯駒的敍述裏，其實忽略了一個重要人物，就是鹽業銀行北京行副理王紹賢。

王紹賢，1889 年（光緒十五年）生。張伯駒《鹽業銀行與我家》記載：

> 王紹賢，寧河縣蘆台人。原在中國銀行任職，1925 年進鹽業銀行。王任職後，除薪水外，每年給以紅利股三萬元，作為交際活動費用的包乾制副理。……1926 年，北京行副理朱虞生調任上海行經理，王紹賢成為北京行重要角色，其後張作霖盤踞北京時代，王紹賢利用我和奉系的關係，同奉系軍閥來往，拉攏存款。迨至張學良再度進關，王紹賢時常用此名，請奉系軍人政客在妓院佈置請客，多由當時名畫家陳半丁往來洽辦，至於王紹賢在事後搞些甚麼名堂，我就不清楚了。據我所知，王紹賢為了拉攏三、四方面軍團部副官長高紀毅，曾介紹諢號"蓋北平"的交際花嫁給他。像這樣的事，都是王紹賢作為一個銀行家，進行聯絡的具體活動事例。這時他曾與原交通部路政司長，後任中東路局中國局長劉景山組織聯合辦東北貿易公司，由王以副理地位，曾透支給這個公司四十多萬元作大豆投機生意，這筆借款一直沒有收回，成為呆賬，以後不了了之。

當時鹽業銀行北京行的經理是岳乾齋，但是王紹賢是鹽行"太上皇"吳鼎昌的嫡系，掌握實權，所以張伯駒需要接受王氏的工作安排。王紹賢也是成立國劇學會的熱心者，在國劇學會擔任主任理

梅蘭芳（左）與余叔岩（右）

陸素娟像

事，即一把手，其所發揮的作用應是大於張伯駒。

王紹賢又何以會對國劇學會感興趣呢？王與北平名妓陸素娟戀愛，陸素娟喜歡唱戲，很有天分，私淑梅蘭芳，不遜於職業演員。丁秉鐩《菊壇舊聞錄》[14] 裏《第一美人陸素娟》云：

> 因為人（陸素娟）是冰雪聰明，又用功連學帶熏，所以儼然梅派傳人。除了嗓音氣力弱一點，身上沒有武功，其他都和梅非常神似。……陸素娟是民國二十年（1931）左右北平花界的第一紅人，結交往來都是達官貴人，富商巨賈。當時有位鹽業銀行巨頭王紹賢，對她甚為捧場，除每月供應一兩萬銀元作日常開支外，還特撥了一筆演戲專款銀元八萬元，作

14　丁秉鐩：《菊壇舊聞錄》，中國戲劇出版社，1995 年。

為基金。那時一元銀元，和一元美金差不多少，這種大手筆，實在令人咋舌。陸素娟演戲為甚麼用這麼多錢呢？她除了做行頭、置頭面、定製桌圍椅幔、大帳守舊以外，每次演出的配角、場面和後台工作人員，必用梅劇團，這個派頭不小，可就費了銀子啦。

丁秉鐩的話有誇大其詞的成分，王紹賢資助陸素娟唱戲，手筆不會小，但亦不會達到丁所説的程度。

王紹賢熱心國劇學會，為陸素娟與梅蘭芳、余叔岩等京劇名角之間搭建橋樑，這一理由是可以説得通的。余叔岩依靠鹽業銀行理財，正如梅蘭芳具有中國銀行形象代言人的地位，余叔岩亦相當於鹽業銀行的形象代言人；余氏對於王紹賢這位鹽行實力派，還是會買賬的。

其後的事實也能證明這一點。余叔岩與梅蘭芳合作演出的《打漁殺家》《遊龍戲鳳》等劇，都被視為絕佳搭檔，奉為經典。陸素娟一味仿效梅氏，卻不能與余叔岩合作，自然是萬分遺憾。後來余叔岩果然應王紹賢、張伯駒等人之請，亦即把面子給了鹽業銀行，滿足了陸素娟的願望，為此在社會上還鬧出過一場大的風波，此處且不贅述。

鹽業銀行與國劇學會

　　張伯駒説"梅氏之友好多為不平"，但是據伯駒開列的國劇學會成員名單看，屬於"梅黨"者僅馮耿光、吳震修、齊如山三人。另有一位參加者是黃秋岳，因黃後以間諜罪被槍決，所以大家在談到國劇學會時多將黃氏姓名隱去不提。除這四位"梅黨"外，學會的主任理事王紹賢及張伯駒、陳亦侯、陳鶴蓀、白壽芝、段子均等都是鹽業銀行職員，周作民是金城銀行總經理，吳延清是金城銀行稽核長，王孟鍾是中南銀行天津行的經理。余叔岩與陳半丁是幫襯鹽行的，傅芸子有可能是齊如山拉來一起做研究工作的。李石曾作為理事，顯而易見是出於某種平衡。如此看來，為梅氏"不平"者，竟是以鹽業銀行及其關聯者作為主力。

　　國劇學會所以形成這樣的陣容，首先是"梅黨"領袖馮耿光在中國銀行失勢，失去了雄厚財力支撐。梅蘭芳於 1930 年 1 月至 7 月赴美國演出，臨行前經費突然發生困難，梅要求馮幫助，馮覆函給梅氏説：

　　　　至於你叫我想法子拿出錢來，我老實告訴你，我現金比你還少，房屋、股票雖略略有幾文，但是九條一處（指馮氏在北平東四九條住宅），兩邊合算，已在五萬外，不值錢如同廢

紙之股票，鎖在鐵櫃，不能用算。此外又落價，捨不得賣出，
叫我如何有現錢呢？我到上海完全想做幾筆買賣，來養老津
貼，不知道僅夠花銷，如何有多的呢？我現在同你說一句老
實話，如果有人能出五萬，或四萬以上之價錢，買我九條房
屋，我就拿出三萬塊來幫你忙，或者有人肯照時價，承受我
家裏的房屋田地產業，我亦可拿出三四萬，但是我想不容易
找這個主。[15]

這就是彼時馮耿光真實的經濟狀況。比較起來，鹽業銀行卻
是今非昔比，營業蒸蒸日上，成為金融界的一支勁旅；而鹽行的發
展，則要歸功於吳鼎昌的卓越才能。

吳鼎昌從張伯駒父張鎮芳手中奪走鹽行領導權後，於 1921 年
至 1922 年間，實現了鹽業、金城、中南、大陸四家商業銀行的
聯營機制，設立了四行準備庫和儲蓄庫，形成 "北四行" 的格局。
1928 年 8 月，吳氏將鹽行總行遷至天津，邀請著名建築師沈理源
設計，耗用 120 萬元巨資在法租界水師營路即現在的和平區赤峰道
12 號建成總部大樓，成為轟動一時的新聞。銀行業務以外，吳鼎
昌出資五萬元，於 1926 年 9 月收購了《大公報》，吳自任社長，以
胡政之為經理兼副總編輯，張季鸞為總編輯兼副經理，更是有效地
擴大了鹽行的聲勢。

在吳氏的領導下，迄至 1927 年，鹽業銀行股本總額達到 750
萬元，居國內商業銀行之首；存款總額從創立時的 463 萬元，增至

15　王文章主編：《梅蘭芳往來書信集》，文化藝術出版社，2014 年。引自 "馮耿光致梅
　　蘭芳·信十一"。

4075 萬元；放款總額，從創立時的 402 萬元，增至 4603 萬元；十餘年間所獲淨利累計達 1582 萬元。

吳鼎昌在政治上也獲得成功。其最初投靠皖系起家，擔任過北洋政府財政部次長。南京國民政府成立後，吳氏又以其經濟理論受知於蔣介石。1933 年 10 月 4 日，吳鼎昌出任國民政府全國經濟委員會委員，此委員會乃掌控全國經濟的最高行政機構。1935 年 12 月，吳氏繼孔祥熙、陳公博之後，出任國民政府實業部部長。

吳鼎昌雖仕途得意，但其對蔣介石和國民政府仍心存戒備，因而愈發牢牢控制住鹽業銀行，作為其政治資本和退路。國民政府在上海設立中央銀行後，北方大多數銀行紛紛將總行遷滬，鹽業銀行卻堅守天津大本營，直至國民政府覆亡都未南遷。

張伯駒因為吳鼎昌鳩佔鵲巢而視吳如寇仇，對於吳氏在鹽行的輝煌成就也視而不見。然而，按照張伯駒所揭示的內幕，創建北平國劇學會時籌款五萬元作為經費，前引馮耿光覆梅蘭芳函中曾云，馮氏在東四九條住宅價值即五萬元。馮氏住宅在清末相繼是貝子奕謨和鎮國公溥佶的府邸，梅蘭芳多次在此接待外國友人來訪。這就是說，國劇學會所得經費，足以購買一所深宅大院。這筆巨款，不可能是來自馮耿光與李石曾，而應是以鹽業銀行為主要出資者，金城銀行與中南銀行兩行略作補充。而要動員鹽行、金城、中南三行眾多人員參與國劇學會，無論是王紹賢還是張伯駒，似乎都不具備這樣強的號召力。於是，鹽行背後的大老闆吳鼎昌，就不能不浮出水面——若沒有吳氏的認可，鹽行恐怕很難動用財力、人力去支持國劇學會。至於吳鼎昌何以會認可這種做法，亦不難找到理由，就是國民政府強奪中國銀行與交通銀行的行為引起吳氏的警

惕。王紹賢、張伯駒等鹽行成員出面組織國劇學會支援梅蘭芳與
馮耿光,事實上也可以理解為是吳鼎昌的一種政治姿態。吳在用這
樣的信號,提醒國民政府不要染指"北四行"。雖然張伯駒的回憶
只談李石曾、張嘉璈方面的內幕,而未涉及鹽行背後的情況,但以
前述背景來推想,鹽行方面亦不似伯駒所說那樣簡單。

張伯駒興趣本不在於政治,其因國劇學會的成立而對京劇愈
發癡迷,一面是在學會刊物上相繼發表《戲劇與革命》《佛學與戲
劇》《亂彈音韻輯要》等文章,頗以京劇理論家自居;一面頻繁粉墨
登場,大過戲癮。

國劇學會成立之日的紀念演出,劇目包括《女起解》《鐵籠山》
《陽平關》《蘆花蕩》《捉放曹》《打漁殺家》,大軸是梅蘭芳領銜演出
的大反串戲《八蠟廟》。張伯駒一人雙出,先是在《陽平關》裏飾演
靠把老生黃忠,後在《八蠟廟》裏替代余叔岩,反串武生黃天霸,
與梅蘭芳、朱桂芳、程繼先、徐蘭沅、姜妙香、朱作舟、程藹如、
陳香雪等名角兒、名票友同台演出。這次演出,標誌着張伯駒正式
躋身京劇"名票"之列。

張伯駒與梅蘭芳

　　在參加北平國劇學會的鹽業銀行成員裏，張伯駒算是最閒在的，因而也是最起勁的，幾乎成為鹽業銀行常駐國劇學會的代表。伯駒更因其父張鎮芳在名義上仍是鹽行董事長，自己亦以鹽行少東家自居，趁勢在京劇界廣交朋友。當時號稱"三大賢"的京劇頂級名角兒楊小樓、梅蘭芳、余叔岩，都與伯駒成為好友。

　　楊小樓生於 1878 年（光緒四年），年齡與輩分都高於梅蘭芳和余叔岩，丁秉鐩說：

　　　楊小樓從民國元年（1912）唱到民國二十六年（1937），他一直都以武生挑班唱頭牌唱了二十六年，這在梨園史上，佔了特別的一頁。[16]

梅蘭芳則說：

　　　我認為譚鑫培、楊小樓的表演顯示着中國戲曲表演體系，譚鑫培、楊小樓的名字就代表着中國戲曲。[17]

16　丁秉鐩：《菊壇舊聞錄》，中國戲劇出版社，1995 年。
17　梅蘭芳：《舞台生活四十年：梅蘭芳回憶錄》，新星出版社，2017 年。

梅蘭芳生於 1894 年（光緒二十年），字畹華，別署綴玉軒主人，出身梨園世家，十八九歲即名滿天下，此後長盛不衰，直至1961 年 8 月病逝，都是中國京劇知名度最高，在國內外最具代表性的京劇藝術家。黃裳曾經準確地評價說：

> 我認為梅（蘭芳）是經歷了千奇百怪、紛繁複雜的幾個朝代，幾多世變，無數人物，交滿天下、譽滿天下，而沒有謗滿天下的人物。遇見過幾多風險、閃躲騰挪，終能全身而退，成為真正的"德藝雙馨"的梨園班頭。[18]

梅蘭芳身處李鴻章所謂中國"數千年來未有之變局"，以其畢生的非凡經歷，在複雜多變的中國近現代社會裏呈現出"梅蘭芳奇跡"，其意義已遠遠超出京劇範疇。

張伯駒對於楊小樓較為恭敬客氣，但對於梅蘭芳的態度，則可說是"五味雜陳"。伯駒《紅毹紀夢詩註》裏稱，其平生所見之演員，只有錢金福、楊小樓、余叔岩、程繼先及京韻大鼓的劉寶全等五人，具備王漁陽所云之"神韻"。同書裏也記錄下余叔岩說的一些"怪話"，如：

> 梅蘭芳曾出演於美、蘇、日，得博士學位。程豔（硯）秋出演於法國。有人問叔岩何不也去外國出演？叔岩曰："吾國乃中華大國，而出演皆係男扮女裝，未免少失國體。美、法、日、蘇吾不再去，唯印度可商量耳。"人問為何願去印度，叔

18　黃裳：《關於"梅郎"》，《南方週末》，2007 年 2 月 12 日。

岩曰："印度有大土,我可過癮也。"

伯駒云程硯秋訪法演出不確,程僅是曾遊歷歐洲。伯駒的這些記述,皆可視為其對於梅、程之"微詞"。余叔岩語多尖酸刻薄,伯駒受其影響,亦染上些舊梨園習氣,論人論事,常常有失公允。

事實上,張伯駒未嘗不以結交梅蘭芳為榮,其回憶文章屢屢提及梅氏,既不無炫耀,也有緬懷之情,而這些記憶又多係發生在國劇學會較為活躍的數年間。張伯駒《春遊瑣談》裏有《重瞳鄉人印》云:

> 三十四五年前,余與梅畹華、陳半丁諸人每夕聚於虎坊橋國劇學會,余與畹華向半丁學治印。

其《春遊瑣談》之《關壯繆畫竹卷》云:

> 壬申(1932)歲某日晚,余與梅畹華、陳半丁、齊如山、徐蘭沅、姚玉芙聚於虎坊橋國劇學會,有人求見,畹華延入座,其人持一卷,云此卷曾有美國好古人士願出金三萬元購收,彼以為國珍,不肯讓,願讓於梅氏收藏。視之,乃關壯繆(關羽)畫竹也。紙本,墨筆,以五言律詩字組成竹葉,詩句如"義氣衝霄漢,忠心貫斗牛"之類。後題跋有如兄劉備、如弟張飛、愚弟諸葛亮以及趙雲、馬超、黃忠等。晉以後,王羲之、李白、杜甫、郭子儀、岳飛、文天祥歷代名人不下五六十家,觀後以價昂無力收藏謝之。

又,《春遊瑣談》之《梅蘭芳畫梅》云:

　　書畫家之作品，每至晚年而愈臻上乘，以積學日深，遂有得心應手之妙。梅蘭芳畹華畫梅，其晚年之筆，反遜其富年之作，因人求之多，無暇應接，而又不願開罪於人，遂倩代筆者為之。在己卯歲（1939 年。原註：盧溝橋事變後）畹華居香港以前，為湯定之滌代。湯畫有文人氣，殊雅致。畹華後歸京，而定之於戊子歲（1948）歿，則由汪藹士代。汪雖專畫梅者，而韻則不及定之。後汪亦歿，不知代者為誰，更不及汪。又於都中酒肆見畹華書字幅，頗凡庸，亦代筆，非其自書者也。惟畹華工畫佛像，藏有明佛像冊，常臨摹。壬申（1932）正月，余三十五歲，畹華為畫像幅贈余為壽。畫未成時，余至其家，見其伏案弄筆。畹華夫婦愛貓，余亦愛貓，畹華特摹冊中一佛像，身披袈裟，坐榻上，右手抱一貓。畫幅藏經紙，乾隆尺高一尺七寸許，寬一尺一寸許，墨筆線條工細。楷書款"壬申元月敬摹明首尊者像為伯駒先生長壽，梅蘭芳識於綴玉軒"，為黃秋岳所代書。鈐"蘭芳之印"朱文小方印，右下鈐白文"聲聞象外生"方印。畫迄今三十二年，余尚珍藏篋中，而畹華墓木已拱矣。追憶前塵，能無慨然。畹華畫梅存世不少，後人不知認為真跡而寶之，故為拈出。

　　這三則故事均發生於 1932 年，伯駒是年虛齡三十五歲。張伯駒以收藏書畫名世，其記述所藏名家巨跡亦往往是三言五語，而不惜筆墨記錄梅氏畫作，可見其尤為鍾愛。

　　1970 年，馬明捷奉命參加吉林省革命委員會組織的寫作班子，撰寫批判梅蘭芳的文章。馬明捷在長春找到已經淪為"牛鬼蛇神"的張伯駒。馬在《張伯駒先生論劇》文裏説：

> 張先生還住原來的房子，只是多次抄家，已經四壁蕭然，許多東西就堆放在地上，顯然在準備搬家。幾年不見，張先生老態龍鍾（原註：能挺到當時，我已在心裏為他慶幸），潘素老師也不是原來那個極會招待客人的女主人了。我進屋之後，她讓我坐在一個凳子上，但是沒有茶了。寒暄幾句，我説明來意，老夫妻一時無語，潘素老師問了一句："梅蘭芳死了那麼多年，也要批判呀，中央的意思還是省裏的意思？"中央甚麼意思我不知道，只能回答是省革委會的意思。我等着張先生説話，他就是不説，滿臉慍色盯着我，室內氣氛真叫人難耐，我不大敢面對他，又不能不看他。終於，他説話了，一口又硬又冷的河南話："你不是梅蘭芳的學生嗎，你怎麼還不了解他？別來問我，我就知道我自己罪大惡極，梅蘭芳犯了甚麼罪我不知道！"一個大釘子碰得我好尷尬，好難受，只覺得臉上發熱，不知説甚麼好，坐了一會兒就起身離開了，沒人送我。

張伯駒身處逆境的時候，還能挺身維護梅蘭芳身後的尊嚴，何其難得。

伯駒夫婦在"文革"後期返京，與梅蘭芳夫人福芝芳及家人又開始了往來，張恩嶺《張伯駒傳》記：

> 十年動亂結束後的一天，梅蘭芳夫人福芝芳做東請張伯駒。因為心情愉快，平時很少喝酒的他，在飯桌上吃了兩盅，

微醉歸家，昏昏沉沉地睡了一陣子，醒後即提筆為福女士成聯一副："並氣同芳，入室芝蘭成眷屬；還珠合鏡，升天梅福是神仙"。上下聯分別嵌入了"梅蘭芳""福芝芳"夫妻姓名。妙於天成，雖是偶然得之，確是珠聯璧合。只是，這副對聯寫好沒幾天，福芝芳就去世了，"梅福"都是"神仙"了，張伯駒怎麼也沒想到，竟一聯成讖，使他為之浩歎不已。

梅夫人福芝芳於 1980 年 1 月 29 日在京病逝。張伯駒這一年虛歲八十三歲。

在張伯駒與京劇界的交往中，其與梅氏交往時間應是最長久的。不可思議的是，早在 1915 年 2 月 11 日張鎮芳五十二歲壽日堂會上，張伯駒即應是見到過梅蘭芳的。民國初年曾任署吉林巡撫使的孟憲彝在當日日記中記錄：

> 同到張馨安處賀壽。觀梅蘭芳、孟小茹之《汾河灣》，梅則優於孟多之矣。[19]

孟記的"張馨安"，"安"應為"庵"，即張鎮芳。孟小茹是由旦角改唱譚派老生，為"翊文社"主演，名次排在梅蘭芳之前。孟憲彝評價甚準確，很快梅即成為頭牌。由孟之評價而知，梅蘭芳在張宅的表演頗精彩。而張伯駒在回憶是日堂會演出時，提到譚鑫培、孫菊仙、尚小雲、荀慧生及袁克文所介紹之昆劇，卻唯獨漏掉梅蘭芳。個中情由，實在是令人百思不得其解。

19　孟憲彝著，彭國忠整理：《孟憲彝日記》（上、下），鳳凰出版社，2016 年。

鹽業銀行與遜清皇室

　　北平國劇學會的成立令張伯駒聲名大振，躋身京劇"名票"行列。大約同一時期，伯駒在書畫收藏方面也有了較大成績。

　　張伯駒稱其書畫收藏始於三十歲，時間則在 1927 年（民國十六年）前後；最早的藏品是清康熙帝書橫幅"叢碧山房"。伯駒並沒有講到這幅藏品的來源，推測可能性最大應是自清宮流出。

　　鹽業銀行與遜清小朝廷有着良好的關係，中間聯絡者是鹽行北京行經理岳乾齋。張伯駒《鹽業銀行與我家》文介紹岳乾齋的來歷時說：

　　　　岳乾齋，北京市大郊亭人。當他十五歲時，經他的長輩張怡齋介紹，在北京東四牌樓元成錢鋪學徒，拜經理邢古香為師。清末辦理洋務著名的張翼（原註：字燕謀）在天津鍋店街開設慶善金店，邢古香就任經理，把滿師的岳乾齋帶到金店充任外勤二掌櫃。由於他的活動專門奔走於各衙門，因而結識了許多權貴，邢常在東家張翼面前稱讚岳乾齋能幹，得到張的垂青。1900 年八國聯軍入侵天津，在炮火驚嚇和洋兵殘暴之下，邢古香驚悸而死，岳繼任為金店經理。1905 年倪遠甫任天津大清銀行監督，岳乾齋因倪的關係而任提調（原

註：等於副理）；1911 年，復經倪的吹噓，任大清銀行理事。辛亥革命後，大清銀行改組為中國銀行，一度參加清理工作，旋即賦閒。（按岳乾齋自述其十七歲至源成銀號學徒，十九歲出師。）

當鹽業銀行於 1914 年冬籌備時，張鎮芳向劉紹雲要人，組織京、津兩行。劉紹雲曾任天津志成銀行總辦，遂介紹該行經理張松泉為天津鹽業銀行經理。劉氏在清末為後補道時，與慶善金店有交誼，早就與岳乾齋相識，岳向劉表示他對天津地面熟悉，願到天津鹽業銀行任職，但由於天津已決定任用張松泉，故安排岳擔任了北京行經理。岳再邀財政部庫藏司課員朱虞生為副理，以便與財政部打通關係，並約請天津中國銀行營業員李雋祥為營業主任，遇事可藉助中國銀行的力量，其他就以慶善金店老班底，分別派定各職。至於對外，則藉重那桐和曾任大清銀行監督的瑞豐、傅夢岩等旗籍老友，為之拉攏旗籍舊官僚的存款。同時他又推薦倪遠甫為上海行經理。

岳乾齋因與清朝遺老聯繫較多，其任鹽行北京行經理時期得到一個特別的機會。1912 年清帝遜位之際，民國政府應允每年撥款四百萬元作為皇室經費，但自 1913 起即不能全額支付，到 1919 年則只撥款一百六十五萬六千兩。遜清皇室入不敷出，只好壓縮人員機構、租售房屋土地、抵押珍寶及向銀行借款，維持日常開支。

張伯駒《鹽業銀行與我家》文說：

北京鹽業銀行和岳乾齋個人發財的另一筆押款，是關於清室抵押的一批古物。大約在 1919 年以前，這些古物初由英商匯豐銀行押款，後轉到鹽業和大陸銀行。岳乾齋對這些古物極思染指，經由清室內務府郎中金紹安奔走，把押與大陸銀行的也轉入鹽業。這批借款為四十萬元，到溥儀結婚時，又押了一批，計二十萬元，先後及六十萬元。除古物外，內務府還賣給鹽業大批明清兩朝大小銀錠元寶。這六十萬元的借款，因清室無力贖回，連本帶利累計一百數十萬元。這批古物的詳細賬目，岳乾齋一直不向吳鼎昌公開，兩人因而發生了很大矛盾。後來吳要求我以監察人身份向董事會提出，經過這一質問，岳才把賬簿詳細項目交出，得知押款已連轉幾期，這時又已到期，經研究決定，到期如再不歸還借款，就將押品處理。為此事清太傅陳寶琛曾來找我，陳說這批押款物品是歷史文物，不能以一般物品對待，應該妥為保存，不能以不還款為理由即行處理。陳的話雖然說得冠冕堂皇，但其企圖仍然是希望鹽業再給十幾萬了事。我把陳的話轉達給岳乾齋，岳與吳商量，均不同意，終於沒收了押品。

張伯駒的這段敘述不夠清晰準確。溥儀與婉容、文繡於 1922 年 12 月 1 日舉行婚禮，以婉容為皇后，文繡為淑妃。為此清室於 1922 年曾招商投標拍賣清宮古物，當時許多商號都參與投標；同時清室也向匯豐銀行等外國銀行抵押借款。

鹽業銀行接受清室抵押借款則是在 1924 年 5 月 31 日，押款八十萬元，成為頗為社會關注的事件。至 1924 年 11 月 5 日，陸軍檢閱使馮玉祥派警衛總司令鹿鍾麟、警察總監張璧同國民黨元老李石曾率軍警入宮，宣佈修改"優待條件"，並令溥儀立即遷出故宮。溥儀當日移住醇親王府，繼而住進天津"張園"，之後再遷居"靜園"。溥儀《我的前半生》[20]記：

> 我到天津之後，京、奉、津等地還有許多地方須繼續開支月費，為此設立了"留京辦事處"、"陵廟承辦事務處"、"駐遼寧辦事處"、"宗人府"、"私產管理處"、"東陵守護大臣"和"西陵守護大臣"等去分別管理。我找到了一份材料，這上面只算北京和東西陵這幾處的固定月費、薪俸、飯食，就要開支一萬五千八百三十七元八角四分。至於天津一地的開支，每月大約需一萬多元；最大宗的開支即收買和運動軍閥的錢，尚不在此數。……至於我自己花錢，當然沒有限制。由於這種昏天黑地的揮霍，張園又出現了紫禁城時代的窘狀，有時竟弄得過不了節，付不出房租，後來連近臣和"顧問"們的俸銀都開支不出來了。

清室委派太傅陳寶琛與鹽行談判，應是在這樣的背景下進行的。因鹽行與清室有此項業務關係，岳乾齋、張伯駒、朱虞生等鹽行高級職員都與清室人員來往較多，亦通過這一渠道，各自均有所獲得。

20　愛新覺羅·溥儀：《我的前半生》，同心出版社，2007 年。

《五馬圖》與《諸上座帖》

　　大約在 1929 年底至 1931 年秋之間，張伯駒從遜清皇室處收藏了一批較為重要的書畫藏品。張伯駒《春遊瑣談》中的《五代阮郜閬苑女仙圖卷》裏記：

　　　　溥儀出宮後由日本使館移居天津日本租界張園，甚困窘，而從臣俸給不能稍減，遂不得不賣出所攜書畫，其事頗似李後主銀面盆事（《十國春秋》後主歸宋貧甚，張洎猶丐索之。後主以白金頮面器與洎，洎猶不愜）。時日人某欲以二萬元日金得宋梁楷卷，陳太傅寶琛經手其事。成之後，又有日本某侯爵欲以日金四萬得李公麟《五馬圖》卷，獻日本天皇。時溥儀正艱窘，願意四十件書畫售日金四十萬元，《五馬圖》則更不索值，以贈日皇。陳又經手其事，以四十件書畫畀其甥劉可超。一日，劉持四件向天津鹽業銀行押款兩萬元，經理朱虞生約余往觀，則為關穜《秋山平遠圖》四卷，李公麟《五馬圖》、黃庭堅《摩懷素書》、米友仁《姚山秋霽圖》四卷。開價《秋山平遠圖》五萬元，《五馬圖》三萬，《摩懷素書》、《姚山秋霽圖》各兩萬元。押款兩個月後，劉歸還一萬元，取走《五馬圖》卷；其《姚山秋霽圖》則以一萬元售於余，更以《秋山平遠圖》、《摩懷素書》向余押款五千元。輾轉半年不還，以《摩懷素書》了結，以《秋山平遠圖》退還之。

伯駒記錄時間上略有出入。朱虞生先任鹽行北京行副理，調上海行任經理，1929 年再調至天津行任經理；此時溥儀已經從“張園”遷住“靜園”。

張伯駒文中所提到的李公麟《五馬圖》，因其在近現代謎一樣的流傳經歷，而成為具有傳奇性的書畫藏品。在 2019 年 1 月日本東京國立博物館舉辦的“顏真卿：超越王羲之的名筆”特別展上，李公麟《五馬圖》出人意料地突然亮相，在中日兩國都引起巨大轟動。

李公麟及其《五馬圖》在中國美術史上都佔據重要地位。李公麟，字伯時，號龍眠居士，宋熙寧三年 (1070) 進士及第後，歷任南康尉、長垣尉、泗州錄事參軍等職，詩、書、畫、文俱佳，與王安石、蘇軾、黃庭堅等都是好友。《宣和畫譜》讚其畫云：“集眾所善，以為己有，更自立意，專為一家，若不蹈襲前人，而實陰法其要。”《五馬圖》可能是李公麟最後的作品，也是李氏傳世真跡中最可信任的，還是現存北宋時期保存最為良好的紙本畫作；所畫為西域進貢的鳳頭驄、錦膊驄、好頭赤、照夜白、滿川花等五匹名馬，黃庭堅為之箋題和後跋。

溥儀遜位後住在紫禁城時，曾對清宮物品作出清點，1922 年2 月 25 日派載澤、載潤、溥忻、朱益藩、袁勵准、朱汝珍、寶熙等人清查大內書畫，後來陸續又加派耆齡、陳寶琛、李經邁、紹英、劉體乾等參加，清查範圍也從書畫擴大到皇室財產。這次清查之後，1922 年 9 月 28 日至 12 月 12 日，溥儀以賞賜其弟溥傑的名義，從紫禁城運送出歷代書畫 1285 件，冊頁 68 件。溥儀在天津陸續售出的，就是這部分藏品裏的一部分。

張伯駒文中説，清室出售這四十件書畫，經手人是太傅陳寶琛及其外甥劉可超。

溥儀《我的前半生》裏説：

> 張宗昌完全垮台，到日本去了。他離我越遠越有人在我們中間自動地來遞信傳話，張宗昌的信也越來越表現了他矢忠清室之志，但都有一個特點，就是向我要錢。帶信人除了前面説過的金卓之外，還有後來當了偽滿外交大臣的謝介石、德州知縣王繼興、津浦路局長朱曜、陳寶琛的外甥劉驤業、安福系政客費毓楷和自稱是張的秘書長的徐觀戩等人。

又：

> 我到天津後最初發出的諭旨有這兩道："鄭孝胥、胡嗣瑗、楊鍾義、溫肅、景方昶、蕭丙炎、陳曾壽、萬繩栻、劉驤業皆駐津備顧問。""設總務處，著鄭孝胥、胡嗣瑗任事，庶務處著佟濟煦任事，收支處著景方昶，交涉處著劉驤業任事。"

溥儀所提到的陳寶琛外甥劉驤業，是否即張伯駒所提之劉可超？蓋陳寶琛有劉姓外甥數人，所以還有待確認。日本現在所公佈的資料，1930 年 10 月 1 日，劉驤業通過日本古董商江藤濤雄介紹，將《五馬圖》售給日本人末延道成。也就是説，劉驤業係與日方聯絡的經手人。

　　甚為可惜的是，《五馬圖》本係劉可超拿給朱虞生、張伯駒的這批書畫裏藝術價值最高者，卻與伯駒失之交臂，最終流落到海外。所幸的是，張伯駒分別以一萬元、五千元留下了其中的《姚山秋霽圖》與《摩懷素書》。

　　宋代米友仁的《姚山秋霽圖》，徐邦達在《重訂清故宮舊藏書畫錄》[21] 裏以為是"明人偽作"。張伯駒後來也發現問題，其在《叢碧書畫錄》裏説：

> 觀趙肅題，為元人書法無疑，惟元暉（米友仁）自題"姚山秋霽"不類其筆，或為元初人仿作亦未可知。

　　而張伯駒在《溥儀攜走故宮古代書畫佚失的情況》文裏，則直截了當地説："米友仁《姚山秋霽》為元人仿"。

　　黃庭堅《摩懷素書》，就是著名的《諸上座帖》，徐邦達《重訂清故宮舊藏書畫錄》評其為"上上"。張伯駒《叢碧書畫錄》著錄云：

> 大草書，真字跋尾。筆勢如古藤虯結，所謂錐畫沙者似。之後吳寬、梁清標題。《石渠寶笈》為"摩懷素帖"。經賈似道、嚴嵩藏文家籍。嚴氏《書畫記》云：前作草書，師懷素頗逼真，皆禪語也。舊藏於一佛寺，李範庵（李應楨）獲之。枝山（祝枝山，李應楨之婿）草書多出於此。自明以來已譽為黃書第一。

21　徐邦達：《重訂清故宮舊藏書畫錄》，人民美術出版社，1997 年。

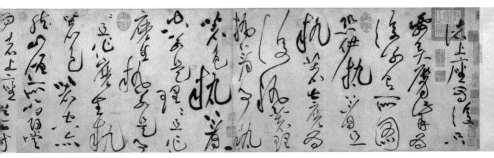

黃庭堅《諸上座帖》（局部）

以時間為序，黃庭堅的《諸上座帖》即《摩懷素書》，當是張伯駒所收藏的第一件堪稱"名家巨跡"的書畫藏品。從其退《五馬圖》和收《姚山秋霽圖》之舉而言之，張伯駒此時鑒賞書畫的能力，尚非上乘。

這一次，朱虞生也留下"四十件"中的方從義《雲林鍾秀圖》、文徵明《三友圖》、王翬《觀梅圖》、蔣廷錫《五清圖》和董邦達《山水》等五幅。1933 年朱虞生病亡後，這五幅古畫經由朱氏後人轉入張伯駒手，亦見於《叢碧書畫錄》。

附　記陳寶琛的外甥

張伯駒《春遊瑣談》之《五代阮郜閬苑女仙圖卷》文記，溥儀在天津時，以包括李公麟《五馬圖》在內的清宮舊藏四十件書畫抵押出售，由太傅陳寶琛經手。陳寶琛又交付給外甥劉可超負責。劉可超聯繫鹽業銀行朱虞生與張伯駒，以李公麟《五馬圖》、黃庭堅《諸上座帖》、關仝《秋山平遠圖》、米友仁《姚山秋霽圖》四件，押款二萬元。後劉還款一萬元，取回《五馬圖》及《秋山平遠圖》；張伯駒則以一萬五千元購得其中的黃庭堅《諸上座帖》與米友仁《姚山秋霽圖》。

張伯駒文中説：

> 後劉（可超）以數萬元繳溥儀，胡塗了事，所有書畫盡未交還。後劉回福州原籍，死於法。《閬苑女仙圖》由故宮博物院於福建收回，未於劉手流出國外，誠為幸事。

陳寶琛生於 1848 年（道光二十八年），福建閩侯人，字伯潛，號弢庵，又號橘隱，晚號聽水、滄趣。陳氏於 1868 年（同治七年）進士及第，累官至內閣學士，為晚清清流代表人物之一，與張佩綸、愛新覺羅·寶廷、鄧承修並稱為“四諫”。後遭貶斥，返鄉賦閒二十五年之久。宣統初年經張之洞推薦而重出，任職禮部侍郎；1911 年又兼毓慶宮行走，成為宣統帝師，從此一直隨同溥儀左右。1935 年在北平病逝。

陳寶琛有兄弟七人，除夭逝者外，幾乎均為進士、舉人。陳寶琛娶光緒三年（1877 年）丁丑科狀元王仁堪之女為妻，後又娶數人，育有兒子六人，女兒七人，卻乏有成就者。陳寶琛有同胞妹陳伯芬，極為寶琛所疼愛。陳寶琛親自為她寫了《劉氏妹六十壽序》（1921）、《劉氏妹七十壽序》（1932）。陳伯芬嫁鹽商劉步溪，步溪約於民國初年即病逝。陳伯芬七十大壽時來京，陳寶琛云：

> 適予京寓虛一院落，因移居焉。自是予到都，晨夕歡聚，如在家巷時，為近年以來第一樂境，特惜吾仲家居，不獲偕耳。

陳寶琛與妹妹伯芬手足情深，對於伯芬之子，格外用心提攜，待外甥遠勝於待自己之子。現知陳伯芬有五子，即劉騰業、劉驤業、劉駿業、劉騁業、劉馼業。其兄弟名字均用"馬"字旁。

劉騰業，早逝。陳寶琛記云："學垂成而夭於疫，聘妻守節，尋亦從殉。"

劉驤業，字午原，精通日語，民國初期，曾短期供職於財政部，後隨同陳寶琛服務於溥儀，負責聯絡各地軍閥及日本勢力，溥儀為之題字"能勞有繼"。溥儀《我的前半生》記，他到天津後即頒發"諭旨"，命劉驤業在"交涉處"任事。

劉驤業比較活躍的時期是 1930 年代初，即 1931 年 9 月 18 日"九·一八"事變前後。9 月 19 日，溥儀即曾命劉驤業赴大連探聽消息。但是，當時負責聯絡日本者，還有鄭孝胥、鄭垂父子，而鄭氏父子又與陳寶琛舅甥的意見不一。溥儀《我的前半生》云：

> 這時我對於日本軍政雙方有了新的看法，和陳寶琛那一夥人的看法有了分歧。陳寶琛一向認為文人主政是天經地

義，所以他只肯聯絡日本芳澤公使，他的外甥只肯和領事館以及東京的政友會人物來往。這時他堅決主張，如果東京方面沒有表示，千萬別聽軍人們的話。我的看法則不同，認為現在能決定我的命運的不是日本政客，而是日本軍人。

因為溥儀認同了鄭孝胥父子的主張，所以他從天津出逃東北後，陳寶琛舅甥即被排擠出局。

張伯駒文中沒有提及劉驤業，事實上劉驤業也是售賣《五馬圖》的經手人。在 2019 年 1 月日本東京國立博物館舉辦的"顏真卿：超越王羲之的名筆"特別展上，同時展出了李公麟的《五馬圖》。日本藝術史學者、東京大學東洋文化研究所教授板倉聖哲在接受澎湃新聞採訪時披露，劉驤業在東京一度將《五馬圖》存放在原田悟朗經營的博文堂，並於 1928 年 11 月 24 日至 12 月 20 日在東京"唐宋元明名畫展覽會"上展出。12 月 12 日，劉驤業還曾陪同日本昭和皇后及近衛文磨等要員一起參觀展覽。張伯駒的回憶剛好說明，《五馬圖》於 1928 年在東京展覽後，又曾被劉驤業持回國內，押在鹽業銀行。與劉驤業同時在溥儀處任職的胡嗣瑗也在日記中記錄：

> 劉驤業歸自日本，昨夕由北京來，先過寓晤談。帶去畫件，以彼都（東京）經濟狀況不佳，迄未售出。又言近事，似東鄰有利用意，或可有所舉動亦未可知，但彼人直云一切皆為我忙，有倭將某某不日可來接洽。……余趨直，驤業亦來

圍，入對時聞亦主慎重考慮云。[22]

　　板倉聖哲在接受採訪時展示出當時的《五馬圖》購買收據，係為劉驤業再次訪日時，經日本古董商江藤濤雄介紹，於 1930 年 10 月 1 日，將《五馬圖》售給了日本企業家末延道成。

　　以上過程説明，溥儀在津出售書畫，劉驤業主要負責的是與日方買家對接。時隔九十年，因《五馬圖》現身而引起熱議，劉驤業也隨之引起關注，但大家錯將其與"劉讓業"及"劉鑲業"混為一談，故有再作甄別之必要。

　　劉驤業，應即張伯駒文章中之劉可超，疑駿業字可超。天津文博院副研究員歐陽長橋《溥儀在天津期間清宮法書名畫的存藏、散失與轉移》文即持此觀點。其文記錄：

　　　　溥儀在津期間所散失的珍寶還包括他賞給近侍的一些東西。如他為酬答其師傅陳寶琛之外甥劉驂業而賞賜給劉驂業的唐閻立本《歷代帝王像圖卷》（原註：此件歸劉氏不久即歸華北偽政權頭目梁鴻志所有。隨後轉售日本人。第二次世界大戰後為美國波士頓美術博物館所得）和《步輦圖》，五代阮部傳世孤本《閬苑女仙圖》三卷。當時還酬有宋拓《定武蘭亭序拓本》一卷等。從以上作品的歷史性和藝術性來看，它們無疑是極具價值的瑰寶。當然，溥儀的酬答如此"豐盛"，與他當時也許並不了解這一點有關。所幸保管《步輦圖卷》《閬苑女仙圖》的主人，沒有轉售給外人，解放後捐獻給人

22　胡嗣瑗著，裘陳江整理：《胡嗣瑗日記》，鳳凰出版社，2017 年。

民政府，後歸故宮博物院庋藏。這也實屬一場大不幸中的萬幸了！

歐陽一文認為溥儀不了解這些書畫價值，此說法恐難成立，其背後似仍有故事，且待有心者發掘。就目前情況看，劉駿業是溥儀在天津出售書畫的國內經手人，與劉驤業兄弟分工不同。張伯駒文裏記劉可超即劉駿業"所有書畫盡未交還"，歐陽文所提閻立本畫作等，似即係"未交還"者。陳寶琛後人有云，劉駿業後返回福建，抗戰初期被人拋屍閩江。

劉騁業，疑即劉勉己，騁業或字勉己，《魯迅全集》註釋裏記："劉勉己，他在 1924 年回國後任《晨報》代理總編輯。"劉勉己所以出現在魯迅文章裏，是因為魯迅在 1924 年 10 月 3 日寫了一首小詩《我的失戀》，交給《晨報副刊》的編輯孫伏園發表；結果稿子被劉勉己撤了下來，孫伏園一怒之下辭了職。魯迅在 1925 年 5 月 4 日《京報副刊》發表給孫伏園的"通訊"裏便帶了一句：

> 想不至於像我去年那篇打油詩《我的失戀》一般，恭逢總主筆先生白眼，賜以驅除，而且至於打破你的飯碗的罷。

後來魯迅在《我和〈語絲〉的始終》文裏又說：

> 那時伏園是《晨報副刊》的編輯，我是由他個人來約，投些稿件的人。……但這樣的好景象並不久長，伏園的椅子頗有不穩之勢。因為有一位留學生（原註：不幸我忘掉了他的名姓）新從歐洲回來，和晨報館有深關係，甚不滿意於副刊，決計加以改革，並且為戰鬥計，已經得了"學者"的指示，在

開手看 Anatole France（法郎士，法國作家）的小説了。

……

"我辭職了。可惡！"

這是有一夜，伏園來訪，見面後的第一句話。那原是意料中事，不足異的。第二步，我當然要問問辭職的原因，而不料竟和我有了關係。他説，那位留學生乘他外出時，到排字房去將我的稿子抽掉，因此爭執起來，弄到非辭職不可了。但我並不氣忿，因為那稿子不過是三段打油詩，題作《我的失戀》，是看見當時"阿呀阿唷，我要死了"之類的失戀詩盛行，故意做一首用"由她去罷"收場的東西，開開玩笑的。這詩後來又添了一段，登在《語絲》上，再後來就收在《野草》中。

魯迅首段文字裏的"總主筆先生"，指的就是劉勉己，但魯迅不一定知道，劉是陳寶琛的外甥。

劉勉己離開《晨報》後也返回福建老家。共和國初期授銜少將，後來擔任南京軍區副政委的孫克驥是福建武夷山人，在回憶錄《夕拾集》[23] 裏談到，原來劉勉己是孫的姨夫。孫記：

二十年代初，母親為了我兄弟有一個良好的教育環境，帶我兄弟二人到北京投靠我二姨。

二姨朱月筠，也是一位慈愛善良的婦女。她同我母親非常友愛。二姨夫劉勉己，他的母親是陳寶琛（原註：末代皇帝溥儀的師傅）的親妹妹，雖然他是陳寶琛的外甥，卻是個自

23　孫克驥：《夕拾集》，江蘇新華新刷廠，1999 年。

由主義者，留學日本，是早稻田大學的經濟學博士；以後又
到法國深造，又得了一個博士銜。回國後，在北京《晨報》館
當編輯。曾因稿件問題，與魯迅有過一場小小的筆墨官司。
此人一生沒有在國民黨政府機構中擔任過職務。大革命之
後，回到福建，在福州法學院當教授。1933年冬，參加過李
濟深、陳銘樞發動的"福建事變"。失敗後，被國民黨通緝，
逃到香港。不久又回到北平某大學任教授。抗戰爆發後北平
失守，他去西南聯大任教。1949年，賦閒在滬，寄居在他胞
弟劉攻芸家。劉攻芸當時是李宗仁代理總統的國民政府的財
政部長。1949年4月，我策反國民黨海軍第二艦隊工作結
束，上海黨要求我找適當的社會關係，安全隱蔽，等待解放。
我知道劉勉已在滬，遂託上海黨了解他的政治情況。據了解，
此人政治上進步，與民盟有關係。於是，我上門拜訪。相隔
十五年，相見甚歡。我說明來意，他知道我的政治面目，滿
口答應我在劉家住下，我在劉家住了大約十多天，才轉移別
處。他能在當時的政治環境下掩護我，我是感激他的。他不
愧是一位學者，解放之後，他學習俄文。五十年代初期，我
到上海開會，順便去看他。他鄭重地拿出他學俄文的畢業證
書給我看，笑着說："人家說不知老之將至，至於我，叫做不
知老之已至。"說後哈哈大笑。以後聽說他到廈門大學任教，
自此沒有聯繫。一直到1983年中共福州市委召開"二戰"時
期黨史座談會，見到陳潔（應為絜），才知道1957年間，劉勉
已被打成右派，隨後便到美國投靠他的兒子，不久病故在美
國。那時，陳表示要替劉平反摘掉右派帽子，不久，陳潔（絜）

也過世了，劉勉己平反的事，也就不了了之。

劉勉己是長輩中值得我敬愛和懷念的一位老人。

孫克驤最初隨母親到劉家，就是劉勉己擔任《晨報》代理總編輯的時期。不知孫是何時知道劉與魯迅的筆墨官司之事，今日孫亦去世，再無從問起了。幸而孫克驤留下這段回憶，劉勉己的一生經歷，也就基本完整了。

孫克驤提到的陳絜，字矩孫，同樣是陳寶琛家的一位奇人，為陳寶琛之孫。姚依林晚年與堂妹姚錦談話時，還曾提到過陳絜。姚錦《姚依林百夕談》[24] 記，1935 年春的某晚，姚依林到住處附近的燕京大學圖書館裏貼傳單，沒想到遇到了陳絜。姚錦說：

> 沒料到他（姚依林）剛走出圖書館，便迎面遇上了一位過去認識的同學陳絜（原註：解放後曾任福建省政協委員），久不見面的陳絜一把握住了他的大手，卻沾了滿手漿糊。

次日，陳絜趕來清華找他，因為陳絜一到圖書館就發現了傳單，知道是"姚胖子"所為。陳絜匆匆趕來找他，說明自己在福建讀書時便是共青團員，一直在找組織，這次可找到了！於是，六兄（姚依林）把陳絜介紹給周小舟。自此，通過陳絜認識了燕京大學的一批革命青年，其中有王汝梅（原註：即黃華），還有龔澎等等。

陳絜在"一二·九"運動後的經歷極曲折，此處不再多敍，他於 1983 年 12 月獲得平反，黨籍從 1946 年 1 月算起。陳絜逝於

24　姚錦：《姚依林百夕談》，中共黨史出版社，2008 年。

1987 年 4 月，享年七十四歲。

最後再說劉馹業，字攻芸，後以字行，是劉家兄弟中之最具聲望者。徐友春主編《民國人物大辭典》錄其小傳云：

> 劉攻芸，原名馹業，福建侯官（今閩侯）人，1900 年（光緒二十六年）生。早年入上海聖約翰大學附中，1919 年赴美國留學，入賓夕法尼亞大學華盛頓學院，1922 年獲商學士學位。繼入芝加哥西北大學夜校，日間在一銀行工作，1924 年獲商學士學位後至英國，入倫敦經濟學院，仍繼續其工讀生活。1927 年獲博士學位；同年回國，應北平國立清華大學之聘，授經濟學。1928 年應國立中央大學之聘，授銀行學。1929 年 8 月，中國銀行總經理張嘉璈聘為總賬室主任，司會記組、聯行組業務。1935 年 8 月，任中央信託局副局長，數月後調國民政府鐵道部財務委員會。1937 年 2 月，任交通部郵政總局副局長兼郵政儲金匯業局局長。1940 年任四行聯合總辦事處秘書長。1945 年 5 月，當選為國民黨第六屆候補中央執行委員。抗戰勝利後，四行總處撤銷，改任中央信託局局長，並兼任蘇、浙、皖區敵偽產業處理局局長。1947 年 3 月，任中央銀行副總裁。1949 年 1 月，升任中央銀行總裁；同年 3 月，任財政部部長，未及赴廣州，旋至台，轉去香港。1950 年春，任新加坡華僑銀行顧問，繼為華僑保險公司董事經理。退休後經營礦業。1973 年 8 月 8 日病逝於新加坡，終年七十三歲。

另，林航等撰有《民國時期劉攻芸金融實踐探析》，介紹其金融思想及相關活動較為詳盡。

　　僅從這份簡歷可以看到，劉攻芸受知於中國銀行總經理張嘉璈，從 1929 年受聘出任中國銀行總賬室主任，至抗戰勝利，劉始終是追隨着張氏足跡任職，張氏倚重劉亦如左右手。鄭會欣著《民國政要的私密檔案》[25] 記錄，張嘉璈受到蔣介石排斥，1935 年被迫辭去中國銀行總經理，改任中央銀行副總裁。

> 　　1935 年 8 月，中央信託局成立，孔祥熙兼任理事長，邀請張嘉璈任局長，張答應了，並希望能將中行總賬室主任劉攻芸借調任副局長。……宋子文為此事大發雷霆。……新任中行總經理宋漢章告訴張嘉璈，說宋子文對此事仍不諒解。張回答說："若彼必無中生有以疑人，顯有成見。余除借調攻芸外，決不用中行一人。"就在這一天（原註：8 月 20 日），張嘉璈從中行的寓所中搬到自置的物業，從而與中國銀行斷絕了關係。

　　從這件事情即可了解到，張嘉璈對劉攻芸之器重程度。張嘉璈即徐志摩夫人張幼儀之兄，他們還有一位政治家的兄長，即創建中國國家社會黨的張君勱。張幼儀與徐志摩於 1915 年 12 月結婚，魯迅所作的小詩《我的失戀》，即是諷刺徐志摩的。不過，張君勱與張嘉璈，在 "《晨報副刊》事件" 發生的時候，未必具備影響輿論的力量，不可能作為劉攻芸之兄劉勉己的後台。

25　鄭會欣：《民國政要的私密檔案》，中華書局，2014 年。

張鎮芳病逝

1928 年 10 月國民政府定都南京後，北京改名北平，整座城市的總體氣氛也發生變化。作家味橄在所著《北平夜話》裏描寫 30 年代初期的北平説：

> 從新都南京來到故都北平，氣象是完全不同的。一則是熱鬧，一則是冷靜。……我所感到的北平是沉靜的，消極的，樂天的，保守的，悠久的，清閒的，封建的。

> 我從沒有到過一個車站有北平車站那樣肅靜，車未到站以前，車外呼呼的風聲，車下轆轆的輪聲，鬧得我們連説話的聲音都聽不見，這是只要坐過火車的人，沒有不知道的。……可是我們一到北平，火車進行中那種轆轆聲一停，一切都靜寂了。這種完全的靜寂，簡直就像在半夜裏我們被自己的噩夢驚醒，全屋的人都睡得死一般的，沒有一點聲音的時候一樣。……整個的北平，也都是這般沉靜的。所以北平給我的第一印象，就是沉靜。

張伯駒這時只有三十歲左右年紀，儘管其甘居隱逸，仍是難以排遣寂寞之情。伯駒日常主要是以觀看和學習京劇、填詞、收藏書畫打發時間，甚至嘗試撰寫過舊式章回體小説。除此以外，他也很熱衷於參加社會活動。

張伯駒參加的社會活動主要有四類，一類是以鹽業銀行為中心的應酬，伯駒雖感無聊，亦無可如何。一類是以袁克文為中心的文人雅士唱和及票演京劇，如與袁克文、方地山等人詩詞唱和，以《蛇尾集》為名，連載於《北洋畫報》。一類是以余叔岩為中心的京劇沙龍，研究京劇，演出京劇，兼帶談論京劇的各種奇聞軼事。再有一類就是北平國劇學會的相關活動。除第一類外，張伯駒都是樂此不疲。孫養農在《談余叔岩》裏記述說：

> 張伯駒，河南項城人，為民初河南督軍張鎮芳之子，學問湛深，精通音韻，嗜古成癖，酷愛收藏書畫，偶見有精品，必定出高價收買，雖然是典屋鬻地也是在所不計。為人風雅但是生性有些孤傲，外貌落落寡合，所以跟他不熟的人，望之生畏而不敢親近。其實他是名士派，不慣作普通的周旋而已。我因為他如此，所以叫他"張大怪"，他也不以為忤。……因為他生性沉默寡言，每次到余家去，如果不學戲，就在煙鋪上一躺，像徐庶進曹營一樣地一言不發，別人也都知道他的脾氣，所以也不多同他交談或寒暄，由他閉目屏息地躺在一旁，聽別人的談笑，或者余氏調嗓說戲。

然而，余叔岩性格活潑詼諧，其周圍朋友的性格多與余氏相似，張伯駒在余氏沙龍日久，漸漸習慣這樣的熱鬧，性格也有些稍稍外向起來。國劇學會成立前後，張伯駒參加活動日益頻繁，而且還開始自己主動組織聚會。

1932 年 3 月 17 日，張伯駒在弓弦胡同的住宅，正廳前的西府海棠花盛開，伯駒極愛其妖嬈華麗，特邀梅蘭芳、李釋戡、黃秋岳、陳亦侯、岳乾齋、朱虞生、吳延清、陳半丁、陳鶴蓀、白壽芝、姚玉芙、齊如山、徐蘭沅、張次溪等聚會賞花。張次溪作文《雙棠花下留影記》記之。同年春夏之間，章太炎北遊講學，也曾應邀做客張伯駒宅，接受伯駒的招待。張伯駒《春遊瑣談》有《章太炎對聯》記：

> 章太炎炳麟書聯不用自作聯語。某歲到京，同吳檢齋（吳承仕）、黃季剛（黃侃）飲於余家，為人書聯七八副，皆唐宋詩句。贈余篆書聯杜詩："盤剝白鴉谷口栗，飯煮青泥坊底芹"也。

章太炎所書為杜甫《崔氏東山草堂》句，可見章氏對於伯駒宅之美食甚為滿意。伯駒還提到在這次會見時，章太炎很是讚賞伯駒的兩句詩，"已盡餘生還弗道，猶拼垂死待燎原。"伯駒自云此係刺南京國民政府所作。

1933 年 1 月 23 日，即舊曆壬申年十二月二十八日，伯駒嗣父張鎮芳虛歲七十大壽；而伯駒生父張錦芳是年也逢六十整壽，兄弟兩人生日相去不遠。張伯駒仿十年前之例，在天津隆重地為兩位父親賀壽。寓真《張伯駒身世鈎沉》引《清故光祿大夫署直隸總督張公馨庵墓誌銘》云：

> 鎮芳自辭職以來，優遊於沽上十餘年。壬申年其七十大壽，其弟錦芳，字綱庵，亦年屆六十，正是塤吹篪奏，兄弟親睦，其歡怡怡。

可是，就在張伯駒為兩位父親操辦過祝壽活動後，相隔半年，1933 年 6 月 22 日，張鎮芳在天津病逝，翌年春伯駒葬父於天津南郊佟樓。張伯駒《鹽業銀行與我家》文記：

> 1933 年我父親張鎮芳去世，遺有鹽業銀行股票五十萬元，但那時股票已不如以前值錢。我以三十萬元歸天津家用，自己拿去二十萬作為北平家用。我以這些錢購進了喜愛的宋元字畫，以後陸續向鹽業銀行透支到四十萬元收購字畫。

寓真《張伯駒身世鈎沉》引《張伯駒自述》說：

> 我從三十歲研究文藝，對於這樣的家庭感覺痛苦，尤其厭惡租界，所以我常在北京。到民國二十二年（1933），我父親去世，我父親的同居孫善卿庶母，交給我很多的遺產，但是，還是不夠這大家庭開支之虞。我看了這時國民黨的政局現象，我又做銀行的事，知道經濟前途不可樂觀，對我的家庭還是這樣排場闊綽下去是沒有辦法。我就將大部分鹽業銀行股票交給王韻緗，使她試驗管理家政，因為兒子是她生的。並且，我對她說，經濟前途是很危險，股票的利息是靠不住的，必須緊縮開支，家庭要平民化，譬如在樓上由梯子一級一級地下到平地，總比從樓上墜到平地好。但是她不能了解我的話，而且她早已染上鴉片煙癮，每天到下午四點鐘才起牀，沒有管理家政的能力。我把股票交給她，是為供給家庭開支，股票的印鑒還在我這裏，不是給她個人的，而她會誤認到兒子是她生的，交給她的股票我不能再拿走。至於這個

家庭開支不夠，她沒能力把她節儉下來，還要我想辦法。

張伯駒對其側室王韻緗的批評，王韻緗與張柳溪母子均不甚認可。王韻緗在後來訴訟與伯駒離婚時說：

> 1927 年生下我子，以後我丈夫遂對我冷淡，以致置之不理。我過在舊社會裏，只有忍受。又因已有了兒子，並且公婆待我很好，所以總希望他能回心轉意。但是，他竟完全置我於不顧。如此有名無實的夫婦生活七年之久。

張柳溪則回憶：

> 我媽媽在天津家裏安排好長輩、孩子生活的同時，也惦念我父親的生活。我父親當時在北京、上海，鹽業銀行的俸祿有限，但生活開支比較大，我媽媽常常把鹽業銀行的股息轉賬給他，以保證他的開支。我父親逢年過節回天津，也都是我媽媽給他安排一切。我媽媽一有時間也帶着我去北京看望父親。

張伯駒家的家務事至為複雜煩瑣，無法置喙。張伯駒之妹張家芬，在 1952 年 1 月也對張伯駒提出訴訟。通過這次訴訟，把張鎮芳身後所遺財產卻是講得十分明白。計有：鹽業銀行股票五十餘萬元；現款二十餘萬元；天津保定道住房一所；北平弓弦胡同一號住宅一所；老家項城土地三千餘畝。

從張鎮芳這一家底看來，其在張勳復辟一役裏的損失確實不少，家資所存已然不多。當然，這只是張家自己與之前的比較，放之當時社會，仍然要算是巨富之家。《鄧力羣自述》[26] 裏稱，1931年其兄鄧飛黃當選國民黨中央委員，全家赴南京。鄧力羣則留北平在匯文中學讀書。

> 匯文中學一學年學費 250 元，房租每月 3 元，二等伙食費每月 6 元，此外，衣服、書籍、零用每年 60 元左右，全年共需 400 來元。如果寒暑假回家，就要少一些。我當時的生活水平，在學生輩中是中等的。

照此計算，此時張伯駒家產，尚足可供應數千名中學生讀書。

26　鄧力羣：《鄧力羣自述：1915—1974》，人民出版社，2015 年。

張伯駒任職南京鹽行經理

迄至 1933 年張鎮芳病逝，張家資產仍然可稱雄厚，但是張伯駒已經有了很強的危機意識。其危機意識主要來自政治與經濟兩個方面。

政治方面，1931 年 9 月 18 日，日本關東軍在瀋陽發動“九·一八事變”；11 月 10 日，溥儀從天津潛往東北，後於 1932 年 3 月 1 日在長春建立傀儡政權偽滿洲國。1932 年 1 月 28 日，日軍在上海發動“一·二八事變”。1933 年 3 月 12 日，張學良通電下野，何應欽代理軍事委員會北平分會委員長。張鎮芳、張伯駒父子與張作霖、張學良的奉系勢力關係良好，而與國民黨之南京國民政府關係較為疏遠。張學良失勢，意味着張家又一次失去政治依託。

經濟方面，又較政治更為嚴重。1928 年至 1931 年間，國際市場的銀價大幅度波動，價格下跌近半，事實上造成中國貨幣急遽貶值；而 1931 年與 1934 年，英鎊、美元又相繼貶值，轉而激起白銀價格迅速回升，造成中國白銀大量外流和國內的通貨膨脹。在這樣的經濟形勢逼迫之下，國民政府內部發生矛盾，1933 年，財政部長宋子文因與蔣介石意見不一而辭職，孔祥熙繼任財長。國民政府於 3 月 10 日發佈《廢兩改元令》，規定不得繼續使用中國傳統貨幣單位的銀兩，一律改用中央所規定的銀幣。3 月 28 日，國民政府

任命孔祥熙為中央銀行總裁，張嘉璈、陳行任副總裁。1935 年 11
月 4 日，財政部宣佈，以中央銀行、中國銀行、交通銀行所發行的
紙幣為"法幣"，以後又增加了中國農業銀行。通過這些舉措，國
民政府實現了對全國的金融壟斷。

　　這樣一來，張伯駒等舊式大家族，再也無法保持其在政治和經
濟上優勢和優越感，心裏充滿日薄西山的恐慌。但是，張伯駒想要
讓貧民家庭出身的側室王韻緗明白其此種心情，是完全不可能的。
不僅是王韻緗，伯駒家裏的大批女眷，自我封閉，不問世事，都在
按照自己以往的方式生活着，張伯駒為此感到痛苦。而張伯駒本
人，又何嘗不是在舊日習慣之中蛹甲難蛻呢？

　　1933 年 10 月 4 日，吳鼎昌成為國民政府最高經濟行政機
構——全國經濟委員會——的委員。1935 年 12 月，吳氏又出任國
民政府實業部部長，投身政府工作。在出任政府職務的同時，吳氏
也加緊對鹽業銀行進行新的佈局，以便自己幕後操縱。

　　1933 年，吳鼎昌將鹽行總管理處遷至上海，將王紹賢調升鹽
行上海行經理。1934 年 8 月，在吳鼎昌主持之下，"北四行"儲蓄
會投資 420 萬元在上海建成國際大飯店，被稱為"遠東第一高樓"，
除部分作為四行儲蓄會營業部外，其餘部分作為酒店對外營業。國
際大飯店極大地提高了鹽行信譽，彰顯了"北四行"的實力，鹽行
存款從 1933 年的 8269 萬元，猛增到 1934 年的 9725 萬元。1935
年 12 月，吳鼎昌又在北平召開了鹽業銀行董事會，安排老資格的
銀行家任鳳苞代理鹽行董事長。張伯駒在《鹽業銀行與我家》文說：

　　　1935 年底，國民政府延攬黨外人士參加政府，一些政學

系人士紛紛登場，吳鼎昌任實業部長，《大公報》又以名流內閣大為捧場。吳任部長後，除辭去《大公報》社長外，對鹽業銀行也略有安排。我父親在兩年前已經去世，董事長一席虛懸，因而召開了一次董事會議，由吳提議以董事任鳳苞代理董事長，其他已擔任的各行副經理仍舊不變，並添升了幾個副襄理。但事實上總管理處早已移至上海，而他的心腹王紹賢又是上海行經理。他居官南京，等於以總經理實行董事長職權，任鳳苞只是在北方遙領名義而已。

　　我出席了這次召開的董事會議，在會後閒談中，聽到了吳鼎昌自鳴得意地說他在皖系失敗後，多年來的事業成功，主要得力於在經濟上利用鹽行，政治上利用《大公報》，在金融界，他把"北四行"提高到與南方財團的勢力相等地位。

因為吳鼎昌在政治與經濟方面的敏銳及其長袖善舞，鹽業銀行不僅平穩地度過了 1930 年代初全球性經濟危機，並且有所發展。

在這一時期，吳鼎昌對張伯駒在鹽行的工作也作出新的安排。據鹽業銀行 1932 年統計，其行已經在天津、北平、上海、漢口、香港、杭州、遼寧、南京設有分行，在廣州、大連、上海西區、天津東馬路等處設立辦事處。1933 年，吳鼎昌命張伯駒以監察人兼總稽核名義，巡視各分行。張伯駒《鹽業銀行與我家》文記：

　　我以監察人和總稽核身份，曾於 1933 年到北平、天津、上海、漢口各行視察業務和考核賬目。在我發現放款中的呆賬以及各行當權者的大批透支，曾建議吳鼎昌加以釐清，他雖表示接受，但終不肯實行。從此我對查賬也只是當成例行公事，應應景算了。我每次到上海、漢口等地查賬時，只是受到招待，出席宴會，蓋了圖章，就算完成任務。

吳鼎昌既命張伯駒查賬，自然是利用其大少爺性格，不要其認真。張伯駒在向吳氏提過一次建議之後，也明白了吳氏用意，索性四處遊山玩水、呼朋喚友、吃吃喝喝，連帶在各地票演京劇，反而比悶居在北平要有趣得多。

1934 年 3 月，張伯駒與側室鄧韻綺及其在鹽行的助手楊西明（又作銘）夜遊無錫梅園，次日遊太湖，作有《鷓鴣天》詞一首。詞云：

> 為惜疏香此小留，碎陰滿地語聲柔。花光照眼還如雪，湖水拍天欲上樓。
>
> 風細細，雨颼颼，計程明日又蘇州。客中過了春多少，只替春愁不自愁。

張伯駒儘管自居"遺少"，畢竟只有三十六歲，無法長時間忍受北平的沉悶；伯駒開始喜歡起鹽業銀行的工作，把國劇學會與向余叔岩學戲，皆都拋到腦後。北平國劇學會，在王紹賢調任上海，張伯駒四處巡察分行之後，成員逐漸星散，只剩齊如山等個別人在維持而已。1935 年 10 月，國劇學會的雜誌《戲劇叢刊》在出版第四期後，也再不復刊行了。

1936 年 1 月 6 日，張伯駒在吳鼎昌的安排下又出任鹽業銀行南京分行經理，月薪 250 元，另加津貼 100 元。鹽行業務重點本不在首都南京，但南京亦須做做樣子，把張伯駒擺放在南京，不能不說是吳氏的另一種“知人善任”。張伯駒自己也很樂於擔任這個職務，從 1936 年初至 1937 年初的一年時間裏，伯駒往來於北平、南京、上海幾個城市之間，其實卻極少是忙於銀行業務。張伯駒《鹽業銀行與我家》文說：

> 物價上漲，生活日累，我仍須支持家用，因而我在 1935 年出任南京鹽業銀行經理。

伯駒所記時間有差誤，現據鹽行檔案 [27] 訂正。其所云“物價上漲，生活日累”，自然是託詞，以其財力，尚不至於感到壓力。

27　中國銀行總行、中國第二歷史檔案館合編：《中國銀行行史資料匯編》，上編（1912—1949），檔案出版社，1991 年。

附　記段祺瑞南下事

張伯駒《鹽業銀行與我家》文中提到：

> 　　大約在"七七事變"前，吳鼎昌來到北平，岳乾齋請他吃飯，我也在座。這次談話中，他說他自己為政府辦了幾件大事。一是他親自回四川，以同鄉關係，拉攏了四川大小軍閥，要他們服從中央；二是勸說感動了段祺瑞離開天津南下；三是把曲阜衍聖公孔德成接到南京。所遺憾的是未能早把溥儀控制到手，而被日本人弄走了。至於吳佩孚在華北的地位，現在相當重要，尚有待於辦理這件事，他回南京後，把吳佩孚的事交由王紹賢繼續設法辦理。這次宴會，他非常興奮，喝了大量的紹興酒，顯得十分得意。

段祺瑞南下發生於 1933 年。胡曉編著《段祺瑞年譜》[28] 記：

> 　　1 月 18 日　　上海各團體忠告段祺瑞、吳佩孚勿受日人利用。
>
> 　　1 月 19 日　　交通銀行董事長錢永銘受蔣介石委託，持蔣親筆信赴天津勸段 "南下頤養"，"俾得隨時就商國事"。當時風傳日本人可能要採取對付溥儀的辦法劫持段祺瑞，段遂決定接受蔣介石的邀請，他對錢永銘說："余老矣，無能為力矣。介石如認為我南下於國家有益，我隨時可以就道。"

28　胡曉編著：《段祺瑞年譜》，安徽大學出版社，2007 年。

1月21日　乘津浦特快加掛車，段祺瑞帶着張夫人、兩位姨太太、妹妹、女兒，還有吳光新、段宏綱等，上上下下幾十口子匆匆離津南下。長子段宏業帶着弟弟宏範及二叔段啟勳的幾個兒子留在平津照應家業。

錢永銘即錢新之，原籍浙江吳興，1885年生於上海。1917年經張謇介紹，任交通銀行上海分行副理，1919年升任經理，1920年至1922年間任上海銀行同業公會會長。1926年任"北四行"儲蓄會副會長及四行聯合準備庫主任。錢氏是較早開始與南京國民政府合作的銀行家，1927年5月任國民政府財政部次長，代理部務。1928年應國民黨元老、浙江省政府主席張靜江邀請，出任浙江省省府委員兼省財政廳長，並任中央銀行董事、交通銀行常務董事。1930年任中法工商銀行中方副董事長。

比較而言，錢氏與國民黨關係較吳鼎昌更為接近；但錢氏與段祺瑞之關係，則又不能與吳氏相比。任職於上海市檔案館的邢建榕著有《非常銀行家：民國金融往事》[29]，其中《段祺瑞南下秘辛》文裏，支持了張伯駒的回憶。邢文云：

> 段祺瑞雖然早已下野，但聲望仍極高，他的許多部下還是唯他馬首是瞻，一旦他真的上了日本人的賊船，或許還會掀起惡風濁浪。因此設法讓段祺瑞南下，成了蔣介石的一塊心病。當時居住在天津的四行準備庫及四行儲蓄會主任、鹽業銀行總經理吳鼎昌，獲悉日本人正在打段祺瑞的主意後，

29　邢建榕：《非常銀行家：民國金融往事》，東方出版中心，2014年。

立即致電在上海的密友錢新之，建議由蔣介石出面邀請段祺瑞南下，並由錢新之秘密赴津接洽。錢新之時任四行準備庫及四行儲蓄會副主任，與張嘉璈、陳光甫、李銘同被稱為"金融四巨頭"，無論在南方還是北方，人脈關係極為豐沛。

錢新之將吳的想法向蔣介石匯報後，得到蔣的贊同。蔣隨即委派錢新之代表他敦請段祺瑞南下。錢新之攜帶着蔣介石的親筆信趕到天津後，前往段的寓所拜見。錢轉告了蔣的問候，並説他（應是指蔣）是段的學生，等將來國內局勢稍微安定後，擬改組政府，請段出任總統，他自任副總統。……錢新之接着説，至於南下條件，一切從優，可以國民政府名義每月撥給生活費 2 萬元。段的手下親信，每月也給 1000 元津貼。段的親信段宏綱、李思浩等，也已經被錢新之説服，因此都同意南下。

段祺瑞本來還在猶豫是否要離開天津這一是非之地。蔣介石既然謙恭執弟子禮來請他，而且條件優厚，給足面子，於是順水推舟，答應了蔣的邀請。

邢文裏記述吳鼎昌及錢新之的職務略有出入。錢新之時任四行儲蓄會副會長及四行聯合準備庫主任，吳鼎昌為四行儲蓄會會長及四行聯合準備庫副主任。

邢建榕另有《上海銀行家書信集》，引錢新之與蔣介石函電，段祺瑞南下後費用，係由錢新之處支付。蔣介石亦通過錢新之與段祺瑞互致問候。1936 年 11 月 2 日，段祺瑞因胃潰瘍引起大出血，病逝於上海宏恩醫院，享年七十二歲。

收藏《紫雲出浴圖》

　　張伯駒擔任南京鹽業銀行經理期間，也數次返回北平和天津，照看家小，訪朋問友。1936 年春，伯駒還曾與方地山一同赴天津去看望過袁克文的遺屬。張伯駒《洹上詞 / 寒雲詞》序云：

> 　　丙子春，北歸與方地山訪寒雲（袁克文）故廬，索其詞稿，謀付之梓。其夫人（劉梅真）及方大之女公子手寫畀余，即今所刊稿也。

伯駒所云之"方大之女公子"，即應係方地山之女方慶根，嫁克文子家嘏為妻。

　　或許正是因為此次會晤，伯駒發現方氏生活頗為困窘。張方二人計議，因伯駒極愛袁世凱第五子克權所藏《紫雲出浴圖》，而克權不肯割愛；伯駒改以資助方地山為名，以此為由說服了袁克權。張伯駒《春遊瑣談》之《紫雲出浴圖》云：

> 　　余於規庵（袁克權）處見之（《紫雲出浴圖》），極羨愛，請其相讓，未許，乃謀於方地山先生。時地山正窘困，余議以二千金畀規庵，以一千金為規庵與余共贈於地山解厄者。定議後，圖卷遂歸余。

其《續洪憲紀事詩補註》則云：

> 乃由（方）地山居間，議價三千元。規庵毅然割愛，收價一半，以一半歸地山。

方地山一生無恆產，晚歲室家為累，斥賣垂盡，雖得此千元或千五百元，亦無濟於事。1936 年 12 月 14 日，方地山在津因胃病而逝，享年六十五歲。

為張伯駒所“羨愛”之《紫雲出浴圖》，為清人陳鵠所繪，人物雖細微淡雅，栩栩如生，然於美術史上尚難臻上乘，其所繪之故事，於中國文化史上則堪稱傳奇。紫雲姓徐，字九青，號曼殊，人稱“雲郎”，為“明末四公子”之一的冒辟疆家歌童。

冒辟疆，江蘇如皋人，甘居明之“遺民”，清初屢徵不仕，隱居不出。時稱“秦淮八豔”之一的名妓董小宛慕其高潔，嫁冒為妾；而冒宅還另有歌童數人，如紫雲、楊枝、靈雛、秦簫等，亦皆聞名當時，尤以徐紫雲為歌童中之“色藝冠絕”者。

1658 年（順治十五年）十一月，陳貞慧之子陳維崧至如皋投奔冒辟疆。陳貞慧，字定生，宜興人，亦為“明末四公子”之一，因受到南明小朝廷迫害，憤懣抑鬱而終。冒辟疆與陳貞慧為摯友，遂邀故人之子來宅居住，加以教導。陳維崧，字其年，號迦陵，1625 年（天啟五年）生，來到如皋冒宅時約三十出頭。沒有想到，陳維崧到冒宅後即與年僅十五歲的徐紫雲相愛，冒辟疆乃以紫雲贈之，維崧與紫雲在冒宅一住竟達十年之久。

蔣京少撰《迦陵先生外傳》云：

　　先生（陳維崧）客如皋者十年，主人冒君辟疆也。……定生歿，辟疆招迦陵讀書於家，愛其才雋，為進聲伎，以適其意。歌者楊枝度曲，紫雲吹簫。十年間，迦陵詩文益復淋漓頓挫，所著有《射雉》《小三吾唱和》諸集。

尤侗《艮齋雜說》亦云：

　　（陳維崧）嘗客如皋冒辟疆宅，嬖歌童紫雲，相好若夫婦，冒遂贈之。畫其小影，攜之出入，同人題詠甚多，予亦有一絕。

　　陳維崧既與徐紫雲同性相愛，為紫雲創作了《徐郎曲》等大量詩詞，皆極香豔；又請陳鵠為紫雲畫像，即《紫雲出浴圖》，遍請名士題詠，毫無避諱，大肆張揚，直至盡人皆知。令人瞠目結舌的是，題詠者大多數人對這樁事實上的同性婚姻都表示理解和包容，乃至於陳徐故事竟如冒董姻緣一樣，成為廣為流傳的風流佳話。冒辟疆之後人冒鶴亭撰有《雲郎小史》，記敍最為詳盡。

　　張伯駒得方地山之助，從袁克權處得到這幅《紫雲出浴圖》，喜出望外，其《叢碧書畫錄》記：

　　紙本，着色。像可三寸許，着水碧衫，支頤坐石上，右置洞簫一。髮鬖鬖然，臉際輕紅，凝睇若有所思。卷中及卷後題詠，自張綱孫、陳維岳、吳兆寬、冒褒、王士祿、王士禛、崔華、尤侗、毛奇齡、宋犖等七十四人，詩一百五十三首，詞一首。清末以後題者不計。是圖蓋寫陳其年眷冒辟疆家伶徐九青故事之一，在當時已膾炙人口。雍正間圖為吳青原所得，乾隆間有一摹本，為羅兩峰畫，陳曼生手錄題詠。
清末，是圖歸端方，摹本迄未發現。

張伯駒著錄之餘，意猶未盡，再邀陳夔龍、夏敬觀、冒鶴亭、
傅增湘、夏仁虎、傅治薌、夏孫桐、關賡麟等題詠之，賡續風流。
並在《春遊瑣談》之《紫雲出浴圖》文中又記：

> 余亦題詩二首，與書皆稚弱，頗使西子蒙不潔。有兩句
> 云："何緣粉本歸三影，只有蓮花似六郎。"余前歲得明牙印，
> 刻蓮花，篆"六郎私記"四字，俟圖重裝裱，原題詩去之，留
> 此兩句，改成《鷓鴣天》詞，下鈐此小印。余所藏書畫盡煙雲
> 散，惟此圖尚與身並，未忍以讓。

伯駒詩"三影"，用宋張先典。陳師道《後山詩話》云：

> 尚書郎張先善著詞，有云："雲破月來花弄影"，"簾幕捲
> 花影"，"墮絮輕無影"，世稱誦之，號張三影。

"六郎"則用唐武則天男寵張昌宗典，昌宗行六，時人諛之云：
"人言六郎似蓮花，正謂蓮花似六郎"。

"三影"與"六郎"皆張姓故事，伯駒尤愛"六郎"之典，每以
"六郎"自喻。

張伯駒以收藏書畫名世，其所有藏品中，偏以此幅《紫雲出浴
圖》為至愛，終身不棄，伯駒此一心情，卻是着實令人費解。

附 記《紫雲出浴圖》之歸宿

冒鶴亭編撰《雲郎小史》似在張伯駒收藏《紫雲出浴圖》之後，疑為應伯駒所請而作。張次溪為《雲郎小史》作序，時在 1937 年元旦。張次溪序稱：

> 當康熙戊申（1668），雲郎年才二十有五，隨其年入都。日下勝流，震其聲名，爭欲一聆佳奏。南腔北播，菊部歌兒多摹其音。於是京邑劇風為之一變。

張伯駒身後，《紫雲出浴圖》歸於旅順博物館。該館研究員房學惠有《簡析〈紫雲出浴圖〉卷》文 [30]，稱：

> 旅順博物館藏《紫雲出浴圖》一卷，紙本設色，小像 10 厘米見方。畫面為紫雲穿水碧衫，右手輕搭腿部；左手支頤，若有所思。兩腿交叉，右腳着地，左腿翹起，腳尖着地。衣衫寬肥，胸部、雙臂及雙腿半裸。長髮輕攏垂於肩部，前額短髮覆蓋。面龐豐潤泛紅，眉目清秀。側身坐於石上，身體右側洞簫一支。圖中除一石外，沒有其他襯景。從側身坐姿及左腳點地的姿態來看，作者捕捉的是主人浴後極為閒適的一個瞬間形態，而非正面肖像。人物畫法考究，面部及肌膚輕輕勾勒，再層層暈染，極其寫實。衣紋線條輕柔流暢，頭髮及眉毛畫法精細，絲絲可見。眼睛用重墨點出，傳神又傳

30　房學惠：《簡析〈紫雲出浴圖〉卷》，《東南文化》2006 年第 1 期。

情。從小像的坐姿、神態及洞簫的佈置來看，主人是一位面容嬌俏、身材嫵媚、擅長吹簫的青年男子。圖中署款為"九青小像，五琅陳鵠寫"，押"鵠"朱文印一方。

又：

小像所在紙的空白處，各接紙及各紙間的接縫處均為清代及近現代各名家為此圖作的題識，共有題識者93人，題詩235首，詞2闕。……其中，陳維崧湖海樓收藏階段的題詠者有75人，共題詩160首，詞1闕。吳榮和曹忍庵收藏時期均由收藏者本人題詩並有詩序，金棕亭收藏時期沒有題跋。陸心源穰梨館時期有時人李宗蓮於甲申（1884年）九月摭雲郎遺事題詩十絕，端方及袁規庵收藏時期的題詠者有4人，題詩3首，張伯駒收藏時期的題詠者有11人，題詩31首，詞1闕。

張伯駒上海迎娶潘素

張伯駒在南京任職時間雖短，但在其一生中的意義卻很重大。伯駒在這一年裏結識了潘素。張伯駒《身世自述》云：

> 我到三十九歲，在上海與我的愛人潘素相遇，我們兩方情願結為配偶。

張伯駒《紅毹紀夢詩註》亦記：

> 陳（伯華）在漢口藝名小牡丹花，馮玉祥之參謀長劉驥菊村亦漢口人，兩人相愛。余三十八歲在南京司鹽業銀行事，菊村來南京曾相晤，問余：彼與一姝相愛，請教應如何始可。時余亦正與室人潘素相愛，對曰："你向我請教，我又向誰請教？"後吾兩人皆如《老殘遊記》結語："願天下有情人皆成眷屬，是前生注定事莫錯過因緣。"

張伯駒在前者所說是虛歲，後者則係實歲，均指係 1936 年事。劉驥，字谷生，號菊村，湖北鍾祥人，1887 年（光緒十三年）生，比伯駒大十一歲。其在辛亥革命期間參加灤州起義，為幸存者之一。後任馮玉祥國民革命軍第一軍參謀長，1928 年後任國民革命軍第二集團軍參謀長兼第三十軍軍長，"中原大戰"失敗後辭職。

1931 年 9 月任職軍事參議院參議，1936 年 3 月授陸軍中將。陳伯華生於 1919 年，1934 年以"筱牡丹花"為名唱紅武漢。1936 年與劉驤婚後退出舞台。張伯駒云："盧溝橋事變後，陳重登歌場，迫於勢與菊村離異，但不更嫁，菊村之生活，仍由其擔負，義可風也。"實則陳伯華係於共和國初期復出，擔任武漢漢劇院院長，2015 年 1 月病逝。

劉驤與陳伯華相差三十餘歲，伯駒與潘素相差則近二十歲。潘素於 1915 年 2 月 28 日（民國四年乙卯正月十五）生。

關於張伯駒與潘素的戀愛傳奇，伯駒世交孫曜東自云其為親歷之人，在口述《浮世萬象》裏記述說：

> 潘素女士，大家又稱為潘妃，蘇州人，彈得一手好琵琶，曾在上海西藏路汕頭路口"張幟迎客"。初來上海時大字認不了幾個，但人出落得秀氣，談吐不俗，受"蘇州片子"的影響，也能揮筆成畫，於是在五方雜處、無奇不有的上海灘，曾大紅大紫過。依我看，張伯駒與潘素結為伉儷，也是天作一對，因為潘素身上也存在着一大堆不可理解的"矛盾性"，也是位"大怪"之人。那時的"花界"似乎也有"分工"，像含香老五、吳嫣（後嫁孫曜東）等人，接的客多為官場上的人，而潘妃的客人多為上海白相的二等流氓，紅火的時候天天有人到她家"擺譜兒"，吃"花酒"，客人們正在打牌或者吃酒，她照樣可以出堂差，且應接不暇。那時有些男人喜歡"紋身"，即在身上刺花紋，多為黑社會的人，而潘妃的手臂上也刺有一朵花。最終她的"內秀"卻被張伯駒開發了出來。

……（張伯駒）每年到上海分行查賬兩次，來上海就先找我。其實查賬也是做做樣子的，一切事情基本都是吳鼎昌説了算，他來上海只是玩玩而已。既然來玩，也時而走走"花界"，結果就撞上了潘妃，兩人英雄識英雄，怪人愛怪人，一發而不可收，雙雙墜入愛河。張伯駒第一次見到潘妃，就驚為天女下凡，才情大發，提筆就是一副對聯："潘步掌中輕，十步香塵生羅襪；妃彈塞上曲，千秋胡語入琵琶。"不僅把"潘妃"兩個字都嵌進去了，而且把潘妃比作漢朝的王昭君出塞，把她擅彈琵琶的特點也概括進去了，聞者無不擊掌歡呼。

孫曜東所引伯駒聯，巧雖巧矣，卻未必佳。張伯駒《叢碧詞》裏之《湘月》與《琵琶仙》兩首，疑為此一時期為潘素所作。

《湘月》序云：

石湖為白石（姜夔）舊遊地，丙子（1936）暮秋同友買舟往遊，紅葉滿山，清溪照影。船娘為具酒餚，不覺微醉。歌《暗香》《疏影》之曲，老仙宛在。今復隔世相和，其亦有宿緣乎？和白石聲韻。

詞云：

買舟俊約，記湖塘向晚，猶戀清景。暝入秋光，漸露柳荻雪，添成幽興。暮野蒼煙，斜陽紅樹，一片胭脂冷。螺鬟梳洗，黛痕乍斂妝鏡。

相與醉倚蘭槳，清波照鬢，起飛鳧成陣。卻少詞仙，看坐客、猶似當年名勝。舊雨星星，垂虹渺渺，歲晚遲梅信。

俞琴千載，絮因石上誰省。

《琵琶仙》序云：

聽蓮琴女校書彈琵琶。依白石韻。

蓮琴，疑即潘素。

其詞云：

夜月樓頭，有誰譜、舊怨荻花楓葉。纖指輕撥重挑，回腸倍淒絕。疑塞上、秋風帶雁，似堤外、綠楊聽鴃。䔍自同心，弦能解語，幽意難說。

又還看、遮面無言，怕偷換、年華誤芳節。忍惜落花身世，等飛蓬飄荚。應不慣、胡沙漸遠，恨玉顏、馬上馱雪。相遇同是天涯，更休輕別。

此二首若果為潘素作，潘素亦不能解，不過是伯駒自陳心跡而已。然而，張潘之戀卻非尋常戀愛可比。孫曜東《浮世萬象》記：

可是問題並非那麼簡單，潘妃已經名花有主，成為國民黨的一個叫臧卓的中將的囊中之物，而且兩人原先已經到了談婚論嫁的程度，誰知半路殺出了個張伯駒。潘妃此時改口，決定跟定張伯駒，而臧卓豈肯罷休？於是臧把潘妃"軟禁"了起來，在西藏路漢口路的一品香酒店租了間房把她關在裏面，不許露面。潘妃無奈，每天只以淚洗面。而張伯駒是一個書生，此時心慌意亂，因他在上海人生地不熟，對手又是個國民黨中將，硬來怕惹出大亂子，不像在北京、天津，到處都有他們張家的一畝八分地，他只好又來找我。那天晚上已經十點了，他一臉無奈，對我說："老弟，請你幫我個忙。"他把事情一說，我大吃一驚，問他："人現在在哪？"他說："還在一品香。"我說："你準備怎麼辦？"他說："把她接出來！"

我那時候年輕氣盛，為朋友敢於兩肋插刀，趁天黑我開出一輛車帶着伯駒，先到靜安寺路上的靜安別墅租了一套房子，說是先租一個月，因為那兒基本都是上海灘大老爺們的"小公館"，來往人很雜，不容易暴露。然後驅車來一炮一品香，買通了臧卓的衛兵，知道臧卓不在房內，急急衝進去，潘妃已哭得兩眼桃子似的。兩人顧不上說話，趕快走人。我驅車把他倆送到靜安別墅，對他們說："我走了，明天再說。"其實明天的事伯駒自己就有主張了：趕快回到北方，就算沒事了。我這頭一直警惕着臧卓的報復，可是事情也巧，我後來落水替汪偽做事，此臧卓也投了偽，成為蘇北孫良誠部的參謀長，仍是中將，我們見過面，大家心照不宣，一場驚險就這麼過去了。

臧卓生於 1890 年，江蘇鹽城人，先後在陳銘樞的第十一軍和唐生智的第八軍擔任參謀。唐生智多次反蔣失敗，不得不屈服於蔣，1935 年 12 月被選為中央政治委員會委員，擔任軍事委員會第一廳主任兼訓練總監部總監，位尊而無兵權。臧卓隨唐失勢，轉任國民政府軍事參議院參議，1936 年 1 月 23 日授陸軍中將，亦徒具虛名罷了。如果孫曜東之回憶所述無誤，臧卓雖遇伯駒奪愛，也奈何伯駒不得。其後臧卓參加了汪精衛偽政府，1941 年 3 月 30 日任汪偽軍事委員會委員。1975 年病歿，著有《臧卓回憶錄》。

張伯駒四十歲壽日堂會（一）

　　張伯駒與潘素結婚的確切時間，張伯駒云係在民國二十五年（1936 年）。張伯駒《叢碧詞》有《秋思》一首，序云"秋夜同慧素宿叢碧山房不寐起吟，用夢窗韻"，疑為兩人甫抵北平時所作，惜暫無其他資料可以佐證。

　　張伯駒表弟李克非在《霽雪初融憶叢碧——兼記山水女畫家潘素》文中云：

> 　　（潘素）弱冠適予表兄項城張伯駒氏。她在二十一歲時，即開始學畫。初從朱德簠習花卉，後與老畫家陶心如、祁井西、張孟嘉合作作畫，相互切磋，共同提高。

　　依據李克非言推算，張、潘成婚亦是在 1936 年，至晚在 1937 年初兩人已經開始在北平共同生活。

　　就在張伯駒與潘素回到北平不久，張伯駒又做了一件轟動天下的事情，即伯駒四十歲壽日堂會，伯駒在《空城計》（實際上包括《失街亭》《空城計》《斬馬謖》三摺戲，今通稱作《失空斬》）中飾演諸葛亮，楊小樓與余叔岩兩大京劇頭牌為其飾演配角馬謖和王平。伯駒生日在舊曆正月二十二，當年公曆則在 1937 年 3 月 4 日。

　　張伯駒在《紅毹紀夢詩註》裏自述説：

余四十歲生日，叔岩倡議演劇為歡，值河南去歲發生旱災，乃以演戲募捐賑災，出演於福全館。開場為郭春山《回營打圍》，次為程繼先《臨江會》。因畹華在滬，改由魏蓮芳演《起解》。次為王鳳卿《魚腸劍》，次為楊小樓、錢寶森《英雄會》，次為于連泉、王福山《丑榮歸》。大軸為《空城計》，余飾武侯，王鳳卿飾趙雲，程繼先飾馬岱，余叔岩飾王平，楊小樓飾馬謖，陳香雪飾司馬懿，錢寶森飾張郃，極一時之盛。後遍載各戲劇畫報，此為亂彈到北京後稱京劇之分水嶺。本年夏，即發生盧溝橋事變，叔岩病重，小樓病逝，繼先、鳳卿亦先後去世，所謂京劇至此下了一坡又一坡矣。

伯駒慨歎之餘，賦詩云：

> 羽扇綸巾飾臥龍，帳前四將鎮威風。
> 驚人一曲空城計，直到高天尺五峰。

張伯駒之文字，以詞為最佳，詩次之，文章又次之。譬如對於此次載入京劇史冊的輝煌演出，伯駒之敍述委實過於平淡，或出於其有意為之亦未可知。

關於此次演出，迄今八十餘年間傳於眾口，不斷被人記述，版本甚多。其中敍述最為生動者，首推丁秉鐩文；敍述最為準確者，首推谷曙光文。

丁秉鐩《菊壇舊聞錄》之《張伯駒的〈空城計〉》文節選如下：

> 這出《失空斬》的王平和馬謖既然敲定，有這兩位名角唱配角，可謂亙古未有。張伯駒自然是高興萬分，於是對其他

角色，也都爭取第一流了。這才趙雲找了王鳳卿，馬岱找了程繼先。馬岱原是末角扮演，但也可以用小生的，這也是破格。其餘角色：名票陳香雪的司馬懿（原註：因為沒有談妥金少山），錢寶森的張郃。慈瑞泉、王福山的二老軍帶報子，反正都是第一流。

演出的地點，是隆福寺街福全館，這裏又要註釋一下。北平有飯館和飯莊子之別，……飯莊子不多，但是地方大，傢具、器皿齊全，且備有戲台，根本不賣散座，一桌兩桌也不賣；專為喜慶婚喪大事而用，擺上百十桌酒席不算一回事。凡是有堂會的喜慶大事，都在飯莊子裏辦。著名的飯莊子有天壽堂、會賢堂、福壽堂，而福全館是其中之一，規模很大。所以張伯駒在這裏辦慶壽堂會。

張伯駒平常演戲，一般人不認識他的不感興趣，內行和朋友們也都認為是湊趣的事。這次《失空斬》的消息傳出去以後，不但轟動九城，而且轟動全國，除了北方的張氏友好紛紛送禮拜壽，主要為聽戲以外，不認識的人也都想法去拜壽為聽戲。甚至有遠在津、滬的張氏戲迷友好，遠道專程來聽這出戲的。福全館中，人山人海，盛況不必描述，就可想像而知。

而這天《失空斬》的戲，也逐漸變質。原來內行們陪他唱，是準備開擾起鬨來湊湊趣兒的，後來因為配搭硬整，大家為了本身的令譽和藝術責任，就變成名角劇藝觀摩比賽了；而最後卻變成楊小樓、余叔岩爭勝"比粗兒"的局面。大家的注意力都集中在這些望重一時的名角硬配上面，張伯駒的壽星兼主角孔明，每次出場除了至親好友禮貌地鼓掌以外，大部來賓都把他當作傀儡。他促成了這空前絕後的好配角的戲，出了票戲天下第一的風頭，自己在演完之後，卻不免有空虛之感了。

《失空斬》第一場四將起霸，不但台上的四位角兒鉚上，台下的來賓也都把眼睛瞪得比包子還大，注目以觀。頭一位王鳳卿的趙雲，第二位程繼先的馬岱，當然都好，也都落滿堂彩，但大家的注意力卻全集中在王平和馬謖身上。第三位余叔岩的王平起霸，一亮相就是滿堂彩，首先扮相儒雅而有神采，簡直像《鎮潭州》的岳飛和《戰太平》的華雲，儼然主角。然後循規蹈矩地拉開身段，不論雲手，轉身，一舉手一投足，都邊式好看，乾淨利落。台下不但掌聲不斷，而且熱烈喝彩。到第四位楊小樓的馬謖出場，雖然只是半霸，卻急如雷雨，驟似閃電，威風凜凜，氣象萬千。尤其一聲："協力同心保華裔"（原文如此。今通常用："保定我主錦江洪"——筆者註），更是叱咤風雲，聲震屋瓦。觀眾在掌聲裏，夾着"炸窩"的"好兒"（原註：內行管喝彩聲震屋瓦叫"炸窩"）。四個人一報家門，又是一回彩聲。這一場四將起霸，是這出戲第一個高潮。

就在所有來賓嘖嘖稱讚起霸之好的聲中，張伯駒的孔明登場。來賓們除了張氏友好外，就是許多不認識他的人，因為人家是今天的壽星，再説，沒有他，哪有這場好戲聽。於是在拜壽和感動的心情下，所有來賓在這一場都特別捧場，出場有彩，"兩國交鋒"那一段原板，雖然都聽不見，可是在"此一番領兵"那一句，大家都知道，余派在"兵"字這裏有一巧腔，就是聽不見，張伯駒一定得意地耍了這個巧腔了，那麼就心到神知地喝一次彩吧！張伯駒在台上也許自己覺得這一句果然不錯，哪知道是大家曲意逢迎呢！總之，張伯駒就在這一場落的彩聲多，以後他的幾場戲，除了友好捧場鼓掌以外，大家都鄭重其事地聽名角的戲了，對張只當看電影一樣，不予理睬了。

下面第四場，馬謖、王平在山頭一場，又是一個高潮，也可說是全劇精華。楊小樓把馬謖的驕矜之氣刻畫入骨，余叔岩表示出知兵的見解，卻又不失副將的身份。兩個人蓋口（原註：即問答對白）之嚴，邊唸邊做，連說帶比劃，神情和身段，妙到絕巔，歎為觀止。那一場的靜，真是掉一根針在地上都會聽得見。因為蓋口緊，觀眾聽完一段，都不敢馬上叫好兒，怕耽誤了下一段，偶有一兩個急性叫好兒的，前面必有人回頭瞪他。直到馬謖說："分兵一半，下山去吧！"王平："得令。"大家才鬆一口氣，大批地鼓掌叫好兒。可惜那時候沒有錄影，如果這一場戲傳留下來，真是戲劇史上珍貴資料，可以流傳千古了。

第五場，王平再上，畫地圖，余叔岩邊看地形邊畫，很細膩，不像一般的低頭作畫就完了。接着與張郃起打，和錢寶森二人平常是老搭檔，嚴肅而簡捷，敗下。

六、七、八場過場開打，不必細談。第九場馬謖、王平上，馬謖白"悔不聽將軍之言"，小樓唸時，帶出羞愧，唸完將頭略低。王平："事到如今"，叔岩面上未現不滿，並不過分矜情使氣。兩個人的三番兒唸"走"，"走哇"，一個無奈，一個催促，意到神知，不溫不火，默契而合作得恰到好處，台下又是不斷掌聲。王平下場，余叔岩使個身段，起雲手，踢腿，掄槍，轉身，同時把槍倒手（原註：右手交與左手），都在一瞬之間，美觀利落，令人目不暇給，又是滿堂好。馬謖先驚，再愧，做身段，使像兒，然後轉身狼狽而下，楊小樓又耍回一個滿堂好兒來。戲就是這樣演才好看，兩個功力悉敵，旗鼓相當的人，在台上爭強鬥勝，搶着要好，那才有勁頭兒，出現絕好的精彩。而台下也過癮，越看越起勁，鼓掌喝彩，身不由己，台上下引起共鳴，打成一片，真是人生至高享受。只是這種情景，一輩子沒有幾回而已。

最後斬謖一場，余叔岩的王平，雖然只有兩段共八句快板，卻是斬釘截鐵，字字珠璣。大家聽完一段一叫好兒，就是覺得不過癮，好像應該再唱十段才對似的。孔明唱完「將王平責打四十棍」，余叔岩仍按老例，扭身使個屁股坐子，一絲不苟，邊式已極。等到馬謖上來，楊小樓的唱工，當然難見功力，點到而已。在孔明、馬謖的兩番兒叫頭：「馬謖」「丞相」，「幼常」「武鄉侯」，龍套「喔」了兩次喊堂威之時，兩人要做身段使像兒。楊小樓都用了矮架兒，這是捧張伯駒的地方。照例馬謖有高架兒、矮架兒兩種身段。可以用一高一矮，也可全用高或全用矮。楊小樓人高馬大，張伯駒個子不挺高，若小樓使高架兒就顯得張伯駒矮了，這是老伶工心細體貼人的地方。

……

張伯駒以演過這一出空前絕後大場面的《失空斬》而馳名全國。

張伯駒四十歲壽日堂會（二）

張伯駒四十壽日堂會，谷曙光根據當日戲單，作有《余叔岩晚年演出徵實——兼談空前絕後的"叢碧宴客堂會"》文，發表於《中國京劇》雜誌 2009 年第 3 期，其文記云：

……"叢碧宴客劇目"尤為珍貴，即號稱"此曲只應天上有"的張伯駒福全館堂會。這張戲單的裝幀極其考究，綠底燙金字印製，典雅中透着喜慶，恰與張伯駒的號"叢碧"完美契合。標題"叢碧宴客劇目"，時間地點是"丁丑年春節假座福全館"。丁丑在 1937 年，"福全館"在北京東四的隆福寺街，為有名的餐館，約可容納五六百人。該店的設備和餐具非常精緻，而設置在店內的戲台尤其華麗。……戲目按原件照錄如下：

《賜福》全班合演

《回營打圍》郭春山、錢寶森、方寶全、霍仲三

《女起解》魏蓮芳

《托兆盜骨》程豔如君、陳香雪君、羅萬祥

《臨江會》程繼先君、錢寶森、方寶全

《文昭關》王鳳卿君、鮑吉祥

《英雄會》楊小樓君、王福山、錢寶森、遲月亭

《丑榮歸》筱翠花、王福山

《空城計》王鳳卿君（趙雲）、余叔岩君（王平）、張伯駒君（武侯）、楊小樓君（馬謖）、程繼先君（馬岱）、周瑞祥（旗牌）、馮蕙林（司馬昭）、霍仲三（司馬師）、錢寶森（張郃）、陳香雪君（司馬懿）、郭春山（老軍）、王福山（老軍）、胡三（琴童）、韓金福（琴童）

在戲單的左側，還印了一個啟事，照錄如下：

去歲河南亢旱，區域廣袤，災情慘重。秋禾既已盡摧，春麥未全下種，飢民嗷嗷，待哺維殷。茲張伯駒君委託敝行代收賑款。諸君願解囊助賑，請徑交敝行匯往施放。

台銜另俟匯齊公佈。順頌春祺！

　　　　　　　　　　北平鹽業銀行
　　　　　　　　　　　　　　　　　謹啟
　　　　　　　　　　北平中國實業銀行

這張戲單完整地記錄了此場空前絕後的堂會的由頭、時間、地點、戲目、演員等。先說由頭。本來張伯駒四十壽辰，演戲為樂，自是意中事。可是他的家鄉河南連年災荒，民不聊生，作為河南籍的名流，他也不好意思在其生日大唱堂會高樂。張氏畢竟是聰明人，藉壽辰一來演戲消遣，二來籌賑濟之款，可謂一舉兩得。而且賑災的由頭也讓那些心裏不願陪張氏唱《空城計》的名伶不好意思拒絕，畢竟這是"公益事

業"，而當日的名伶都是以講義氣、急公好義著稱的。張氏縱然出手闊綽，但如果沒有這個由頭，未必能請得動楊小樓諸人。從某種意義上講，是賑災的由頭成全了這場空前絕後的堂會。

其次，戲單裏有些人的名字後面加了"君"，有些又沒有。一般來説，票友演戲往往加"君"字。如言菊朋正式"下海"前就是如此。此戲單裏的程藹如、陳香雪都是老資格的名票，張伯駒本人亦是票友，加"君"沒有問題。為何程繼先、王鳳卿、楊小樓、余叔岩的名字也加"君"？筆者推斷，這些演員是當日演出裏最有名的老伶工，加"君"顯示的乃是一種尊敬。

再次，除余叔岩外，很多陪張伯駒唱《空城計》的名伶都在前面再演一齣好戲，以示盡力。按余叔岩與張伯駒的交情，余是應該單挑一齣的，然而沒有，或許還是因為身體健康關係。《空城計》的王平很難得，因為這是余叔岩生平最後一次演出了。此外，其他老伶工都是"雙出"。郭春山的《回營打圍》是久未露演的冷戲，而程繼先的《臨江會》、王鳳卿的《文昭關》、楊小樓的《英雄會》，也都是在平時的營業戲裏難得一見的好戲。這個戲目一定是深諳派戲之道的"資深戲提調"費盡心力的安排。張伯駒的"哼、哈二將"錢寶森、王福山更是賣力，在好幾出戲裏效勞。

復次，這張戲單的背後還顯示出張伯駒獨特的藝術審美觀和不凡的鑒賞力。張伯駒當然是大戲迷，但他是帶着濃厚"保守"色彩的戲迷（原註：這裏的"保守"不帶任何貶義）。

他很看重京劇深厚的藝術積澱，愛惜有真實本領的老藝人，努力發掘傳統戲裏的精華。他不趨時、不趕時髦，對於因標新立異而紅紫一時的藝人不感興趣。張伯駒的這種作風一直延續到解放後。他組織京劇基本藝術研究會，延攬老藝人，籌辦精彩演出，最後終因積極組織演出禁戲《馬思遠》《祥梅寺》而被打成右派。張氏愛戲，最終也因戲而跌入人生谷底，可為發一浩歎！

當然，叢碧宴客《空城計》之所以空前絕後，主要不是張伯駒本人的緣故，而是因為配角雲蒸霞蔚、眾星拱月。試想王鳳卿的趙雲、余叔岩的王平、楊小樓的馬謖、程繼先的馬岱，這是何等輝煌的陣容！就連司馬昭這樣的掃邊角色都由老伶工飾演。須知馮蕙林在清末是給老譚配戲的角兒、姜妙香的師傅，資格甚老。面對這份名單，怎不讓人發思古之幽情？總之，這場《空城計》確實不負"此曲只應天上有，人間哪得幾回聞"的美譽。

這場堂會距今已整整七十二年。不用說，當年現場看堂會而今尚在人世者，如同鳳毛麟角。碩果僅存的劉曾復先生就是當日的座上客。據他回憶，那天到場時，台上正在演《托兆盜骨》（原註：即《洪洋洞》），同時看戲的還有朱家溍先生。朱先生事後對劉說，張伯駒在開始前，發表了演講，號召大家捐款云云。戲單上列了王鳳卿的《文昭關》，但因為琴師趙濟羹怕拉不好而臨時換了《魚腸劍》。劉先生還回憶，四將起霸，王鳳卿第一個出場，一句"憶昔當年掛鐵衣"翻高了唸，聲震屋瓦，一下子把全場氣氛調動起來。程繼先的起霸老到規矩，不在話下。而武生泰斗楊小樓閒閒"比劃"幾下，就給人以"站滿台"的充分視覺享受。可能還是因為長期不演的緣故，倒是余叔岩的起霸有些"努"着勁兒，略顯有些要好的味道。須知，余叔岩的王平非常名貴，乃是其師譚鑫培的親授（原註：老譚只教了叔岩一齣半：一齣《太平橋》，另外半齣就是《失空斬》的王平）。我的老師吳小如先生上世紀六十年代曾跟隨前輩藝人貫大元學戲。據貫先生講，余叔岩親口跟貫說了王平的演法，其中頗有與尋常演法不同之處。比如"斬謖"一場，諸葛亮唱"將王平責打四十棍"一句，在唱完"將王平責打"之後，有"啪、啪"兩鼓楗子。在這極短的時間內，王平由臉朝裏跪轉而向外，同時甩髮轉 360 度，髯口推到外面，一個短暫亮相。諸葛亮再唱"四十棍"時王平恢復原狀，一連串小身段竟在瞬間完成，異常精彩。不知陪張伯駒演出當晚，余叔岩是否露了這手。在四位大師級的前輩名伶面前，張伯駒本人表現得如何呢？劉先生說，張站在舞台中間，不難看，不做作，沒有被人"欺"下去，這就難能可貴了。另外，那天有兩家拍《失空斬》的無聲電影，同仁堂樂家和吳泰勳。事後張伯駒本人留有一份膠片。解放後張將膠片捐給國家，不料卻被北影廠在清倉時當成廢品而燒掉。可惜京劇史上一份無價至寶就如此輕易地灰飛煙滅了。

谷曙光雖有當日戲單為憑，但實際演出往往會有所變化。戲單上列王鳳卿演出《文昭關》，實則臨時改為《魚腸劍》，張伯駒此處記憶是準確的。所謂演員有用"君"字者，似係不取報酬之意，

張伯駒四十歲生日堂會
《十日戲劇》1937 年第 1 卷第 5 期，1 頁

不宜理解為"尊敬"。又據伯駒表弟李克非云，《空城計》一場的二老軍，當天係由郭春山與管翼賢飾演。

谷曙光文裏云，朱家溍回憶張伯駒曾在演出前演講，實則演講者為李克非之父李鳴鐘。李字曉東，河南沈丘人，1886 年（光緒十二年）生，在馮玉祥軍中任職，1922 年任第十一師師長、豫東鎮守使。1925 年 1 月任綏遠都統，授陸軍上將銜。南京國民政府改組後，先後任鄭州市長、西北政治工作委員會委員長、河南省政府委員、第三十師師長、軍事參議院參議等職。張伯駒壽日堂會時，李已無兵權，僅掛軍事參議院參議及河南省政府委員之虛職。是日北平軍政要員、名流宋哲元、張自忠、馮治安、佟麟閣、趙登禹、秦紹文、李贊侯、章士釗等均來觀看演出，李鳴鐘以資深及河南籍之故，且係伯駒親屬，乃公推其致辭。演出所得約四千元善款，後悉由鹽業銀行捐贈災區。張伯駒雖由此次演出博得"天下第一票友"之譽，名動天下，亦令無數人妒之入骨；而谷曙光所引劉曾復的評論，至為公允。

收藏李白《上陽台帖》

　　1937年（民國二十六年）對於張伯駒而言，可以説是其一生事業的巔峰。更為準確地説，應該説是舊曆丁丑年，伯駒虛歲四十歲時，先後實現了楊小樓與余叔岩為其配演《空城計》、收藏李白《上陽台帖》、收藏陸機《平復帖》三件大事。

　　李白的《上陽台帖》也是一件流傳有序的國寶級藏品。啟功《李白上陽台帖墨跡》云：

　　　　紙本，前綾隔水上宋徽宗瘦金書標題"唐李太白上陽台"。本帖字五行，云："山高水長，物象千萬，非有老筆，清壯何窮。十八日，上陽台書，太白。"帖後拖尾又有瘦金書跋一段。帖前騎縫處有舊圓印，帖左下角有舊連珠印，俱已剝落模糊，是否宣和璽印不可知。南宋時曾經趙孟堅、賈似道收藏，有"子固"白文印和"秋壑圖書"朱文印。入元為張晏所藏，有張晏、杜本、歐陽玄題。又有王慶餘、危素、驪魯題。明代曾經項元汴收藏，清初歸梁清標，又歸安岐，各有藏印，安岐還著錄於《墨緣匯觀》的《法書續錄》中。後入乾隆內府，著錄於《石渠寶笈初編》卷十三。後又流出，今歸故宮博物院。它的流傳經過，是歷歷可考的。

啟功文未言近人收藏情況，僅云"後又流出"。張伯駒在《春遊瑣談》之《三希堂晉帖》文裏自述說：

> （三希堂）《中秋》《伯遠》兩帖，余於民國二十六年（1937）春，並李太白《上陽台帖》，見於郭世五家，當為廢帝溥儀在天津張園時所賣出者。郭有伊秉綬《三聖草堂額》，頗以自豪。但其旨在圖利，非為收藏。當時余恐兩帖或流落海外，不復有延津劍合之望。倩惠古齋柳春農居間，郭以二帖並李太白《上陽台帖》，另附以唐寅《孟蜀宮妓圖》軸、王時敏《山水》軸、蔣廷錫《瑞蔬圖》軸，議價共二十萬元讓與余。先給六萬，餘款一年為期付竣。至夏，盧溝橋變起，金融封鎖。款至次年期不能付，乃以二帖退之，以《上陽台帖》、《孟蜀宮妓圖》、煙客之《山水》、南沙之《瑞蔬圖》留抵已付之款，仍由惠古齋柳春農居間結束。

張伯駒所云此帖係溥儀在津時賣出，僅是一種猜測。郭世五，名葆昌，字世五，號觶齋。河北定興人。約 1867 年（同治六年）生。張伯駒自郭氏處得來《上陽台帖》，雖對郭氏鑒賞水平極為佩服，對其人品則評價不高。伯駒《三希堂晉帖》文裏評郭：

> 郭世五名葆昌，河北定興人，出身古玩商。後為袁世凱差官，極機警幹練，頗得袁寵任，漸薦升至總統府庶務司長。袁為帝制，郭因條陳應製洪憲瓷器，以為開國紀念，遂命為景德鎮瓷業監督，承辦其事。花彩樣式，多取之內廷及熱河行宮之物。袁逝世後，所取樣本皆未交還，遂成郭氏觶齋藏

李白《上陽台帖》（局部）

瓷中之精品。郭氏鑒別瓷器，殊有眼識；收購論值，亦具魄力。再加以積年經驗，海內藏瓷名家自當以其為冠。其為人與遭遇，使胸有翰墨，亦高士奇一流人物也。

傅振倫之於郭葆昌，較伯駒更為客觀。收錄於《北京政協文史資料》的《傅振倫自述》記云：

> 郭葆昌字世五，河北定興人，家貧，在北京東四某古玩鋪學徒。性聰敏，為袁世凱賞識，委赴景德鎮燒造居仁堂款"洪憲瓷"。喜藏書畫、陶瓷，精鑒定。世五嘗言：瓷與紙不特是中國偉大發明，且與人生關係密切。降生必用紙，初生灌清毒散也盛以瓷瓶，貧富送終都以紙覆面，瘞以陶瓷盛食

罐，因此他喜歡藏歷代名窰，並善製紙。撰《陶乘》十卷與《瓷器概説》，與福開森印行英漢合璧的項子京《歷代名瓷圖譜》。

郭葆昌初為古玩舖學徒，後自己經營古董。民國初年，郭經有力者薦至總統府任承宣官，負責引領文官晉謁袁世凱。其人聰穎，擅長交際，人緣很好。袁靜雪曾回憶，在中南海內，袁氏子弟遊玩拍照，多由郭葆昌與袁克文兩人攝影。袁世凱稱帝前夕，郭葆昌先是承辦製作冕旒龍袍，後又被任命為九江關監督，監製洪憲瓷，由此聲名遠播，從中獲利亦豐。

故宮博物院最初成立時即任點查古物事項之事務員的莊嚴與郭葆昌亦有較好的關係，莊嚴在《前生造定故宮緣》[31]裏記錄了許多與郭氏交往的情況，其中説道：

> 1924 年宣統出宮，我便進入故宮博物院工作。1933 年，階升為古物館科長。由於當時北方局勢日漸吃緊，當局惟恐爆發戰事，於是便將文物南遷。第一批由我與同仁負責押運，臨行前，郭世五先生特別邀請馬（衡）院長及古物館館長徐鴻寶（森玉）先生和我到他家吃飯（原註：就是坐落在北平奎老胡同的觶齋），那天吃的是一頓別緻的火鍋，鍋子本身分許多格，各人在自己的格子裏涮着各人愛吃的東西。飯後並取出他所珍藏的翰墨珍玩，供大家觀賞，其中赫然有《中秋》《伯遠》二帖。

31　莊嚴：《前生造定故宮緣》，紫禁城出版社，2006 年。

莊嚴在同書又說道：

> 售賣三希堂快雪等三帖，其中《中秋》《伯遠》二件，溥
> 儀未出宮前，為其繼母瑾妃據為已有，私自售之外間。民國
> 初年，為定興郭世五所得，民國廿五年（1936），筆者離平南
> 下。世五先生，祖餞於其觶齋，座中有馬無咎（馬衡）、徐森
> 玉兩先生，酒酣出此二帖欣賞。

莊嚴兩處的說法，在郭宅吃飯的時間不甚統一，但均在張伯
駒收購《上陽台帖》之前。這就是說，郭葆昌是事先得到故宮文物
南遷的秘信，預感到戰事將起，方才急將《上陽台帖》《中秋帖》《伯
遠帖》《孟蜀宮妓圖》等一併作價二十萬元，讓渡給張伯駒。此是否
即張伯駒所謂郭氏為人“極機警”之處？張伯駒彼時正處於迎娶潘
素，票演《空城計》之興奮狀態，未能及時洞察。而伯駒雖付出六
萬巨款，收得《上陽台帖》等數幅巨跡，郭葆昌實亦未曾虧欠伯駒。

稊園詩社、蟄園律社與瓶花簃詞社

張伯駒三十歲開始收藏書畫、學戲、填詞，到了四十虛歲時，收藏書畫與京劇兩項，已然達到巔峰，完全稱得上是第一流之收藏家與"天下第一名票"。如同命運安排一般，1937 年 7 月 7 日盧溝橋事變爆發，日軍佔領北平，張伯駒不能返回南京鹽業銀行任職，只好蟄居北平，與一些老派文士詩詞唱和，無形中又提高了伯駒的詩詞水平。張伯駒《春遊瑣談》之《詩謎》記：

> 盧溝橋事變後少出門，但月聚於蟄園律社詩會，並時作詩謎戲，參與者有夏枝巢、郭嘯麓、陶心如、瞿兌之、劉伯明、楊君武、黃公渚兄弟等。

蟄園律社的核心人物是郭嘯麓。郭名則澐，字蟄雲，號嘯麓，祖籍福建閩侯即今福州，1882 年（光緒八年）生於浙江，1903 年（光緒二十九年）中進士。後受知於徐世昌，歷任浙江溫處道兼甌海關監督、署理浙江提學使，民國初期任政事堂禮制館提調、銓敘局局長。1918 年徐世昌任大總統時，郭任國務院秘書長；徐氏退任後，郭則澐亦告別政壇，隱居天津家中，以組織詩社、詞社為樂。盧溝橋事變後，郭則澐從天津移居北平，在北海團城設立北京古學院，研究經史、詩詞，訪求古籍，砥課後進，同時也在北平又

辦起詩社。夏孫桐之子夏緯明(慧遠)《近五十年北京詞人社集之梗概》記:

> 及盧溝橋事變後,郭嘯麓由天津移居北京,又結蟄園律社及瓶花簃詞社。每課皆由主人命題備饌。夏枝巢仁虎、傅治薌岳棻、陳純衷宗藩、張叢碧伯駒、黃公渚孝紓、黃君坦孝平、關穎人、黃嘿園,皆為社中中堅。此時穎人亦有稊園詩社,兼作詩鐘,但不作詞。此乃寒山詩社之後身也。每期由主人命題,而社友分任餐費。與蟄園人才互有交錯,有列一社者,有二社兼入者。京師騷壇,不過寥寥此數耳。迨嘯麓逝世,蟄園瓶花遂同萎謝。

民國初期,樊增祥、易順鼎等"同光體"詩人曾在北京組織過"寒山詩社",盛極一時。關穎人主持的稊園詩社,作為"寒山詩社"之延續。關氏名賡麟,字穎人,廣東南海人,1880年(光緒六年)生,1904年(光緒三十年)甲辰科進士,清時曾任兵部主事,民國後歷任郵電部主事、京漢鐵路局局長、交通部路政司司長、北京交通大學校長、國民政府鐵道部參事等職。

從郭則澐與關賡麟兩位詩社組織者的經歷即可知道,參加蟄園、瓶花簃、稊園等詩詞社團者,大多是有着深厚的舊學基礎,曾經在科舉中獲得過功名,也不乏曾經留洋者;在清末與民國初期做過官,又有些積蓄的"遺老"。這些人飽經世變,與國民黨政權關係疏遠,不屑與之為伍;抗戰爆發後,他們更是潔身自愛,堅持不與日軍及日偽機構合作。1942年,偽華北政務委員會常務委員兼教育總署督辦周作人出面邀請郭則澐出任偽職,郭則澐在《國學叢刊》第 11 冊發表《致周啟明（作人）卻聘書》，公開拒絕周氏的聘請，自稱"性懶甚於叔夜，齒豁類於昌黎。韜庸養拙，久與世而相遺"；而且與周氏撇清關係，云"某於明公（指周作人），交非縞紵，契以聲聞。"在郭則澐等人的帶動下，蟄園、稊園、瓶花簃等詩詞社團成員，在抗戰期間，安貧樂道，以賞花賦詩為事，託音間寫，互有述造，怡然自得其樂，罕有失節"落水"者，迥異於南方詩壇。

張伯駒七歲從老家項城北上天津以來，因不斷改換居住地和變換學校，始終沒有得到過良好的系統教育；所幸的是，伯駒天性聰慧，刻苦自修，因而才能吟詩作對，以文士自居，然究其根底畢竟多有欠缺。張伯駒年至不惑參加稊園、蟄園、瓶花簃諸社，謹可作為"遺少"；得到郭則澐、關賡麟、夏仁虎等前輩引領指導，熏陶培養，對於伯駒而言，恰是令其詩詞創作歸了路，如同其唱戲之拜余叔岩，真正接續到傳統的主脈，並從中源源不斷得到養分。包括張伯駒收藏書畫，亦得諸老顧問，受益良多。更為難得的是，這一"遺老""遺少"羣體，在日後數十年裏與張伯駒保持着友誼，即便是在伯駒落難時，亦不曾棄之而去。

大約在 1939 年，張伯駒將自己的詞作，首次編成《叢碧詞》刊行，即可視為其參加諸詩社之成果。鄧雲鄉《文化古城舊事》[32] 裏記云：

> 我有一本原刻本張伯駒先生的《叢碧詞》。這本書白綿紙印的，仿宋大字刻本，按照版本目錄學家的說法，這是"黑

32　鄧雲鄉：《文化古城舊事》，中華書局，2004 年。

口"、"雙魚尾"、頁十行、行十八字、瓷青紙書衣、雙股粗絲線裝訂。扉頁是"雙鑒樓主"傅增湘題"叢碧詞"三字，是蘇字而稍參顏魯公，寫得極為工整典雅。後面是枝巢子夏仁虎老先生的序，再後是郭則澐老先生的序，都寫於"戊寅年"，即1938年，已是淪陷後在北平所刻。書很漂亮，古香古色的一本書，當年是印了送人的，原來印得就少，現在流傳更為稀少，我能無意中在舊書店中遇到，可謂幸事。

……

這本詞是在北平淪陷時期印的，所以枝巢子一開始就在序中說："會罹世變，逢此百憂，滄桑屢易，小劫沉吟，骨肉流離，音書阻斷，幽居感喟，時復有作。"調子雖然低沉，但感人很深。

叢碧詞的風格，是"花間"的正宗，十分婉約。……序是戊寅年所寫，但詞卻收有己卯年的詞，已是1939年。其書之刻，更在其後了。

鄧雲鄉所購得之《叢碧詞》，就應是伯駒在諸社老先生們指點下編輯而成的《叢碧詞》初版本，也是其在詩詞方面所取得的最早成果。

收藏陸機《平復帖》（一）

盧溝橋事變後，在舊曆丁丑年十二月二十九日，即 1938 年 1 月 30 日，經傅增湘居間，張伯駒從溥心畬處購得西晉陸機《平復帖》，這意味着張伯駒在中國書畫收藏方面，又登上了最高峰。

原載於香港三聯書店 1985 年版《故宮博物院藏寶錄》的王世襄《西晉陸機〈平復帖〉流傳考略》一文稱：

> 在故宮博物院歷代書畫中，曾陳列在最前面的西晉陸機寫的《平復帖》，是一件在歷史上和藝術上有極端重要價值的國寶。我國的書法墨跡，除了發掘出土的戰國竹簡、繒書和漢代的木簡等以外，歷代在世上流傳的，而且是出於有名書家之手的，要以陸機的《平復帖》為最早。今天，上距陸機（261—303）逝世的時候已有 1650 多年。董其昌曾説過，"右軍（王羲之）以前，元常（鍾繇）以後，唯存此數行為希代寶"（《平復帖》跋）。實際上在清代弘曆（乾隆）所刻的《三希堂法帖》中位居首席的鍾繇《薦季直表》並不是真跡。明代鑒賞家詹景鳳早就有"後人贋寫"的論斷。何況此卷自從在裴景福處被盜去後，已經毀壞，無從得見。在傳世的法書中，實在再也找不出比《平復帖》更早的了。

這並非是王世襄一人之看法，而是為世所公認。張伯駒得此至寶，自然亦有一番曲折。伯駒《春遊社瑣談》有《陸士衡平復帖》記云：

> 西晉陸機《平復帖》，余初見於"湖北賑災書畫展覽會"中。晉代真跡保存至今，為驚歎者久之。盧溝橋事變前一年，余在上海聞溥心畬所藏韓幹《照夜白圖》卷，為滬估葉某買去。時宋哲元主政北京，余急函聲述此卷文獻價值之重要，請其查詢，勿任出境。比接覆函，已為葉某攜走，轉售英商。余恐《平復帖》再為滬估盜買，倩閱古齋韓君（應為"悅古齋"）往商於心畬，勿再使流出國外，願讓余可收，需錢亦可押。韓回覆云："心畬現不需錢，如讓，價二十萬元。"余時無此力，只不過早備一案，不致使滬估先登耳。次年，葉遐庵（葉恭綽）舉辦"上海文獻展覽會"，浼張大千致意心畬，以六萬元求讓。心畬仍索價二十萬，未成。

按：莊嚴《前生造定故宮緣》記：

> 在民國十幾年，有些滿族舊皇裔的書畫收藏，常常賣到國外去，譬如過去溥儒（溥心畬）先生便有一件很有名的唐代韓幹的《照夜白》一開冊頁（原註：圖上有編著《歷代名畫記》的張彥遠的"彥遠"二字名款和一方南唐時代的用黑色鈐蓋的木印，極為難得），便賣給英國有名的中國古物收藏家大衛德爵士。

張伯駒云韓幹《照夜白圖》流落海外，確是事實。《照夜白圖》

與《平復帖》的原藏者溥心畬，名儒，初字仲衡，後改心畬，以字行。生於 1896 年（光緒二十二年），為恭親王奕訢之孫，貝勒載瀅之次子，幼年即有神童之稱。其於清末民初避居京郊戒台寺，潛心讀書十年，號"西山居士"。1924 年，其兄溥偉將王府售於輔仁大學，溥心畬復以每年八百元價格將府中"翠錦園"租回居住。1930 年 2 月，溥心畬與夫人羅清媛（清陝甘總督升允之女）在中山公園水榭首次舉辦伉儷畫展，"舊王孫"之名不脛而走，風行海內外。1933 年，其畫作《寒岩積雪圖》又在德國柏林"中德美術展覽會"獲獎。1936 年初，溥心畬與張大千、張善孖兄弟，以及蕭謙中、胡佩衡、徐燕蓀、于非闇、何海霞等赴天津舉辦聯合畫展；返京後又於中山公園水榭舉辦第二次畫展。于非闇以"南張北溥"並稱云：

> 張八爺（張大千）是寫狀野逸的，溥二爺（溥心畬）是圖繪華貴的。論入手，二爺高於八爺；論風流，八爺未必不如二爺。南張北溥，在晚近的畫壇上，似乎比南陳北崔、南湯北戴還要高一點。

張伯駒所言之"湖北賑災書畫展覽會"，約在 1934 年，溥心畬正在春風得意之時。其後，伯駒不揣冒昧，命琉璃廠悅古齋掌櫃韓博文居間，請溥心畬出讓《平復帖》，溥索價二十萬，應非實價，即是惱伯駒失禮而開天價以拒之；伯駒乃再請與溥交好之張大千出面，溥則餘怒未消，仍是不予理睬。此一過程，就是"小王爺"與"大少爺"相互鬥氣罷了。

張伯駒《春遊社瑣談》之《陸士衡平復帖》續記：

　　至夏而盧溝橋事變起矣。余以休夏來京，路斷未回滬。
年終去天津，臘月二十七日回京度歲。車上遇傅沅叔（傅增
湘）先生，談及心畬遭母喪，需款正急，而銀行提款復有限
制。余謂以《平復帖》作押可借予萬元。次日，沅老語余，現
只要價四萬，不如徑買為簡斷。乃於年前先付兩萬元，餘分
兩個月付竣。帖由沅老持歸，跋後送余。時白堅甫聞之，亦
欲得此帖轉售日人，則二十萬價殊為易事，而帖已到余手。
北京淪陷，余蟄居四載後，攜眷入秦，帖藏衣被中，雖經離
亂跋涉，未嘗去身。

　　按：溥心畬的生母項太夫人於 1937 年 12 月 28 日病逝。項太
夫人在溥心畬隱居西山之際，親自教授其讀書習字，督導甚嚴。溥
心畬亦事母至孝，項太夫人停靈什剎海廣化寺期間，溥心畬悲慟欲
絕，刺舌血寫《心經》，又以金粉在棺木上寫滿蠅頭小楷的經文，
見者無不震撼。溥心畬欲為母親舉行隆重葬禮，然而戰時金融管
控，心畬手上現銀不多，一時難住。

　　其實，早在盧溝橋事變前夕，國民政府已經預感戰事將起，如
同故宮文物南遷一樣，政府也在忙於搶運華北地區的金銀現鈔。時
任財政部次長徐堪曾致函外交部，“查北平存銀約一千五百萬元，
存貯東交民巷；天津存銀約四千一二百萬，存貯法租界。”迄至
1937 年 7 月 29 日，北平、天津、濟南等地各銀行存鈔，較事變前
減少一半以上，即為政府搶運之結果。國民政府亦開始轉移在上海
之資產，做好大戰準備。

　　值此溥心畬用錢之際，張伯駒遂又有了機會。丁丑年臘月

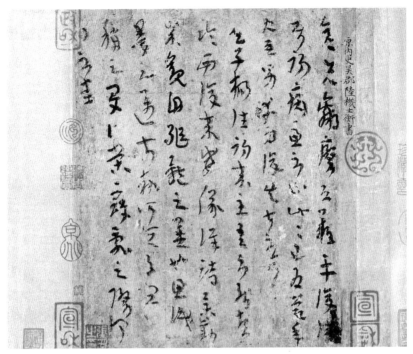

陸機《平復帖》（局部）

二十七日即 1938 年 1 月 28 日，亦即溥心畬母病逝整一個月，張伯駒從天津回北平的車上遇到傅增湘；29 日傅在雙方間傳話說妥，30 日《平復帖》由傅自溥心畬處取至其家。

張伯駒《素月樓聯語》云：

......除夕日取來於沅叔家同觀。

丁丑年臘月沒有三十，二十九即除夕，則《平復帖》自溥而傅而伯駒，時間俱已清楚。

收藏陸機《平復帖》（二）

張伯駒在丁丑除夕終於得到夢寐以求的《平復帖》，但卻不能馬上拿回家中，居間之人傅增湘要為《平復帖》題跋。

傅增湘，字沅叔，號藏園居士、藏園老人。1872年（同治十一年）生，祖籍四川江安，長於天津，虛歲十七歲即應順天府鄉試中舉；後又在保定蓮池書院受業於吳汝綸，因而被轉薦於直督袁世凱，1902年入袁世凱幕，結識劉永慶、王士珍、馮國璋、段祺瑞等北洋文武要員，還曾隨劉永慶赴江北提督任，在劉幕任職八月餘。1898年（即張伯駒所生之年），傅增湘考取進士，授職翰林院編修；其後歷任京師女子師範學堂總理、直隸提學使。民國初年，任職肅政史、教育總長。恰在其任教育總長時期，五四運動爆發，曹汝霖還在回憶錄裏記：

> 傅沅叔總長來慰問，他説我聽到消息，即到北大勸説，但已預備出發，阻擋不住，請你原諒，想不到學生竟如此大膽荒唐。

傅增湘則在《藏園居士六十自述》裏稱：

> 不意"五四"之役起，調停無術，遂不得不避賢而遠引耳。

　　傅增湘辭去教育總長職後即退出政界，"余夙性疏簡，澹於宦情，獨於山水清遊，卷帙古芬，乃有殊尚。"其致力於藏書及整理古籍，藏書達二十餘萬冊，多珍本秘本；宅中藏書樓名"雙鑑樓"，即係其藏有元刊《資治通鑑》及宋百衲本《資治通鑑》，因之又號"雙鑑樓主"。傅氏勘校古籍之外，亦好交遊，與周肇祥、郭則澐、張國淦、俞陛雲、陳雲誥、溥心畬等人每週輪流一次做東，談文論語，不與塵事。傅增湘在為《平復帖》所作千字長跋裏，即記入其與心畬之交往。

　　　余與心畬王孫昆季締交垂二十年，花晨月夕，觴詠盤桓，邸中所藏名書名畫，如韓幹《蕃馬圖》（即《照夜白圖》）、懷素書《苦筍帖》、魯公（顏真卿）書《告身》、溫日觀《蒲桃》，號為名品，咸得寓目，獨此帖秘惜未以相示。丁巳歲暮，鄉人白堅甫來言：心畬新遭親喪，資用浩穰，此帖將待價而沽。余深懼絕代奇跡，倉猝之間所託非人，或遠投海外流落不歸，尤堪嗟惜。乃走告張君伯駒，慨擲巨金易此寶翰，視馮涿州（馮銓）當年之值，殆騰昂百倍矣。嗟乎！黃金易得，絕品難求，余不僅為伯駒賡得寶之歌，且喜此秘帖幸歸雅流，為尤足賀也。翌日賚來，留案頭者竟日，晴窗展翫，古香馣藹，神采煥發。

　　傅增湘不愧為晚清桐城古文魯殿靈光之吳汝綸弟子，其跋義理兼具，文采斐然，神氣十足，堪稱民國散文佳製。傅跋既言"半載以來，閒置危城，沉憂煩鬱之懷，為之渙釋"，復表揚伯駒云：

　　　伯駒家世儒素，雅擅清裁，大隱王城，古歡獨契，宋元劇跡，精鑒靡遺。卜居西城，與余衡宇相望，頻歲過從，賞奇析異，為樂無極。今者鴻寶來投，蔚然為法書之弁冕，墨緣清福，殆非偶然。

傅氏文章至此略有破綻，倘張伯駒"家世儒素"，何以百倍於馮銓之價而得《平復帖》；傅增湘宅在北京西四石老娘胡同，即在今西四北五條七號，與張伯駒弓弦胡同宅相去不遠，若云"衡宇相望"，則未免不實，然此皆無傷大雅。

傅增湘文末署"歲在戊寅正月下澣"，則《平復帖》留置"藏園"約近一月，傅跋必經字斟句酌，數易其稿，尤不易也。

《平復帖》之價值，從最初溥心畬開價二十萬，至伯駒收藏，價至四萬。但伯駒所云價格，前後不一。伯駒《春遊社瑣談》之《陸士衡平復帖》記為"四萬"，至《素月樓聯語》裏又云"後以三萬元得之"。香港《大成》雜誌第 102 期載溥心畬弟子林熙文《張伯駒及陸機〈平復帖〉》，又引葉恭綽及張大千函，說法不一。

葉恭綽致友人函：

> 至於心畬所藏陸機《平復帖》及韓幹畫馬等，余曾屢勸其須保存於國內。嗣余南下，渠曾浼人來云，如余購藏，可減至四萬金（原註：先索十萬）。余以無此力，婉卻之。

張大千致友人函：

> 心畬陸機《平復帖》，某君將搆之賣與日人，吾蜀傅沅叔先生聞之，亟往商張君伯駒，毋使此國寶流諸國外。張君遂以二萬金留之，另以二千金酬某君。

　　如此張伯駒收《平復帖》遂有二萬、三萬、四萬等三個價格，目前無法辨別孰真孰偽。大千函所云某君，即應係琉璃廠古董商白堅甫。張伯駒則未言曾付款白堅甫事。

　　張伯駒在一年之內，先以楊小樓、余叔岩為《空城計》之配演，享“天下第一名票”後，又得“天下第一帖”之《平復帖》，其人亦從此名滿天下，獨步天下。

　　不過，張伯駒在《春遊社瑣談》之《陸士衡平復帖》裏，也談到兩件關於《平復帖》而引起不愉快的事情。

　　其一是，張伯駒以為，“帖書法奇古，文不盡識，是由隸變草之體，與西陲漢簡相類。”伯駒乃託啟功作出釋文。但啟功釋文作畢，伯駒不甚滿意，重又作出一稿；啟功對於張伯駒之釋文，亦不予認同。啟功晚年出版《啟功叢稿》，論文卷收《〈平復帖〉說並釋文》，依然是固執己見，沒有採納張伯駒的意見。有趣的是，啟功另有《題叢碧堂張伯駒先生鑒藏法書名畫紀念冊》詩，句有：

　　　　陸機短疏三賢問，
　　　　杜牧長箋一曲歌。

　　所謂“三賢問”，竊以為係化用南宋樓鑰《送趙晦之丞彭澤》詩意。樓詩云：

　　　　淵明事晉肯臣劉，仁傑忠良不附周。
　　　　見說三賢參羽士，盍將吳簿配萍蘿。

　　此處之“三賢”，用南陽三賢山之典，據云曾有三道士救漢光武帝劉秀於此，“羽士”即道士。啟功化用“三賢參羽士”傳達其對於《平復帖》釋文公案之微妙態度，不能不令人拍案稱奇。

深感遺憾的是，《平復帖》之釋文，雖多家爭鳴亦難論定，然今日含故宮博物院在內，所刊《平復帖》釋文，皆用啟功稿而置伯駒心血於不顧，恰可以樓詩「淵明事晉肯臣劉，仁傑忠良不附周」論之。

其二是，王世襄曾向張伯駒借閱《平復帖》研究。王世襄《〈平復帖〉曾在我家——懷念張伯駒先生》文記：

> 我和伯駒先生相識頗晚，1945 年秋由渝來京，擔任清理戰時文物損失工作，由於對文物的愛好和工作上的需要才去拜見他。旋因時常和載潤、溥雪齋、余嘉錫幾位前輩在伯駒先生家中相聚，很快就熟稔起來。1947 年在故宮任職時，我很想在書畫著錄方面做一些工作。除備有照片補前人所缺外，試圖將質地、尺寸、裝裱、引首、題箋、本文、款識、印章、題跋、收藏印、前人著錄、有關文獻等分欄詳列，並記其保存情況，考其流傳經過，以期得到一份比較完整的記錄。上述設想曾就教於伯駒先生並得到他的讚許。
>
> 為了檢驗上述設想是否可行，希望找到一件流傳有緒的烜赫名跡試行著錄，《平復帖》實在是太理想了。不過要著錄必須經過多次的仔細觀察閱讀和抄寫記錄，如此珍貴的國寶，怕伯駒先生會同意拿出來給我看嗎？我是早有着被婉言謝絕的思想準備去向他提出請求的。不期大大出乎意料，伯駒先生說：「你一次次到我家來看《平復帖》太麻煩了，不如拿回家去仔細看。」就這樣，我把寶中之寶《平復帖》小心翼翼地捧回了家。

交通部次長葉恭綽
《鐵路協會會報》1917 年第 56-57 期，3 頁

　　王世襄借閱《平復帖》月余，其研究文章則發表於十年之後，即《西晉陸機〈平復帖〉流傳略考》。張伯駒讀後，在《春遊社瑣談》之《陸士衡平復帖》裏淡淡地説：

　　　　王世襄有《〈平復帖〉流傳考略》一文，頗為詳盡，載1957 年第 1 期《文物參考資料》中。而對余得此帖之一段經過，尚付闕如，今為錄之。

　　王世襄當是亦曾見到張伯駒此文。1985 年香港三聯書店出版的《故宮博物院藏寶錄》收入王世襄《西晉陸機〈平復帖〉流傳考略》，王氏復於文末補寫入張伯駒事跡，但伯駒已於三年前病歿了。

張伯駒貴陽會見吳鼎昌

　　1936 年秋至 1938 年 1 月，是張伯駒一生中的最高潮，娶潘素、唱"空城"，收得《上陽台》與《平復帖》。但是這一階段，也是國家災難深重之際，盧溝橋事變爆發後，天津、上海、蘇州、太原、濟南、南京、武漢、長沙相繼淪陷，國民政府被迫遷到重慶。1938 年 12 月，國民黨第二號人物汪精衛對於抵抗戰略表示絕望，公然逃離重慶投靠日軍，更是引起民眾的擔憂、恐慌和憤怒。北方大量難民，以及大學裏的老師和學生，紛紛湧向西南大後方，開始流亡生活。到了 1939 年春，戰事進入僵持局面，張伯駒應是也希望了解大後方情況，於是偕潘素從北平出發，先至上海，再乘船到香港，轉飛機到（越南）河內，再由河內至昆明、重慶，復由重慶赴貴陽，再折返到峨眉山、青城山，抵成都，從成都至瀘，最後自瀘北返回到北平，全程達數月之久。

　　張伯駒一路之上見山河破碎，民不聊生，感慨忒多，紀之以詞。譬如《揚州慢‧武侯祠》，有直刺蔣介石意，諷其軍事指揮無能。詞云：

　　　　丞相祠前，錦官城外，下車拜問前程。尚森森翠柏，映
　　　草色青青，似當年、羽扇綸巾，指揮若定，誰解談兵？看江

流石在，寒灘猶咽孤城。

　　呂伊伯仲，貫精誠、神鬼堪驚。繫一髮千鈞，三分兩代，生死交情。忍誦杜陵詩句，還空聽、隔夜鵑聲。正中原荊棘，沾襟來弔先生。

又如《清平樂‧貴州道中》：

　　野營空戍，榛莽遊狐兔。四外烽煙天欲暮，風雨伏波銅柱。

　　春來燕子先還，天涯客意闌珊。只有一身愁夢，卻過無數關山。

張伯駒到貴州，卻不是來看"伏波將軍"，而是要與吳鼎昌會面。吳鼎昌在 1937 年 11 月 20 日被蔣介石任命為貴州省政府主席，後又兼滇黔綏靖公署副主任（主任龍雲），成為全國未淪陷地區唯一文職出身的地方最高首長。吳鼎昌在政治上的確是具有深謀遠慮，其未雨綢繆，在 1936 年 3 月即發表《國難中之衣食住問題》，提出：

　　吃得少，穿得少，住得少，拿多的材料去換外國的生產機器；吃得壞，穿得壞，住得壞，拿好的材料去換外國的生產機器。生產工具歡迎外貨，消費物品專用國貨。

這樣的經濟政策，在國難期間無疑是行之有效的。蔣介石命吳氏駐守大後方的貴州，應是發揮其經濟專長。王芸生遺作《回憶幾個人和幾件事》裏即特別指明一點，就是"吳鼎昌這個人非常精明，而且是個善於做官的人。"李一翔《銀行家，政治家，抑或其他——近代中國銀行家的多面人生探析》文章亦云，吳鼎昌"人生最大的理想和興趣在於從政"。吳鼎昌在貴州省政府主席任上，非常出色，其著有《花溪閒筆初編》及《花溪閒筆續編》，記錄下在貴州的工作及思考。

可是，一貫對吳鼎昌抱有成見的張伯駒，並不認可吳氏的功績。伯駒在《鹽業銀行與我家》文裏記述了在貴陽與吳氏會面的情況，云：

> 1939年春，我經香港乘飛機到河內，轉到重慶，去貴陽訪吳鼎昌。他這時任貴州省主席兼滇黔綏靖主任（實為副主任）。我見到他時，他穿著陸軍上將的軍服。多年來我在鹽業銀行裏見著他都是長袍馬褂，腳穿雙梁鞋，今天他這樣打扮，使我忍俊不已。他問了一些華北淪陷後的情況，隨後談到鹽業銀行今後的做法。他說現在原則上應該守，不要多做生意，保住已有基礎；並要我回去後把這意思告訴任鳳苞、王紹賢、岳乾齋等人。我住了兩天，向他告辭。後來我到峨眉、青城遊山玩水，旅行了一些時候，到成都才轉回上海。回到上海後，方悉王紹賢把鹽業銀行的老家當已通通賠光，吳鼎昌要我轉達的話已沒有用處。我趕到北平與岳乾齋商量，決定把王紹賢接回北平。又到天津，把王紹賢在上海發生的事告知任鳳苞，他以代理董事長身份寫了一封信交給我，請我以董事名義照料總管理處的業務，於是我到上海定居下來。

　　王紹賢在上海購進大量橡膠、小麥，以及美國國債和外匯，但因英國對德綏靖主義政策失敗，導致外匯和物資價格狂跌，鹽業銀行不僅賠進幾乎所有的美元儲備，還欠債三十萬美元。王紹賢情急之下，一病不起，返回北平療養。鹽行上海行由蕭彥和擔任經理。秋末冬初，張伯駒被派往上海，幫助照料鹽行事務。

　　吳鼎昌對於時局的判斷是準確的，其要求鹽業銀行守住家底，當然是明智之舉。現在無法判斷，如果張伯駒及時傳話給王紹賢，是否能阻止住王氏的行動，避免鹽行發生重大損失，因而也無法在此事上追究張伯駒之責任。

張伯駒原配夫人病逝

張伯駒偕潘素南遊，返回北平的具體時間不詳。1939年從6月中旬開始，平津地區連降大雨，7月末兩次發洪水，將平津鐵路路基沖毀；7月至8月間，天津被淹，瘟疫流行，死傷逾萬。張伯駒當係在水災發生前已經返回北平，其《身世自述》稱：

> 到民國二十八年（1939），天津發生水災，我家也淹在水中。這時，孫善卿庶母同王韻緗都來北京暫住。我想趁這時候，把天津家庭合併在北京一起，計劃在北京宅的空地建一所房，專供孫善卿庶母居住。如果她不來住，我就不負擔天津家庭的開支。我首先徵求王韻緗的意見，她回答她不到北京住，她還要同孫善卿庶母住。在她心裏，因為多數的遺產在孫善卿庶母手裏，將來孫善卿庶母死後都歸她所有。但是，她了解不到將來的局勢與經濟情形。

> 這一年，我的原配李氏去世，所有遺物，首飾、衣服、傢具，都由王韻緗接收。這一年年底，我父親的第五同居李氏去世，所遺衣物首飾也由王韻緗、鄧韻綺、劉張家芬（原註：我叔父之女）均分。

張伯駒之子張柳溪回憶：

（伯駒原配李氏夫人）死於 1939 年，當時天津鬧水災，我和父親都在北京。她的喪事由我媽媽負責照料，我被叫回天津為她打幡當孝子，父親沒有回天津。

張伯駒的原配夫人李氏在水災中於津病歿，回顧這段"都是當年嬉逐侶"，"香車引動降神仙"的姻緣，伯駒不應無動於衷。張柳溪說李氏："她和我父親一直沒有建立起真正的感情，而且結婚多年也沒有生兒育女。"但是，在張伯駒《叢碧詞》裏，有兩首詞是較為特別的。其一是《西子妝·己卯中元液池泛月》，詞云：

星點珠光，月搖鏡影，隔岸疏燈沉霧。曲闌垂柳碧陰陰，望雙虹、臥波橋堍。風梧乍舞，漸到耳、秋聲難住。問羅衣、逗一襟涼意，能禁多許。

時歡誤，戍鼓樓鐘，甚又催人去。只餘酒氣和煙痕，尚依回、畫船深樹。清詞麗句，看都是、離別歌賦。待何時、後會重招舊雨。

己卯中元是 1939 年 8 月 29 日。伯駒並未註明是日與何人一起在北海泛舟，而其情緒之低落，以"清詞麗句"作"離別歌賦"，顯係是有所指向。

另一首詞是《念奴嬌·中秋寄內》，詞云：

無人庭院，墜夜霜、濕透閒階堆葉。月是團圞今夜好，可奈個人離別。倚遍雲闌，立殘花徑，觸緒添淒咽。滿身清露，更誰低問涼熱。

記得去年今日，盈盈雙袖，滿地明如雪。隻影那堪重對比，美景良辰虛設。玉漏無聲，銀燈息焰，總是愁時節。誰家歌管，任他紫玉吹徹。

這一首伯駒沒有註明年份。詞題"寄內"，無論是潘素，抑或鄧韻綺、王韻緗，此時均無正妻名分。詞末偏用"紫玉"之典，紫玉即紫竹，多用於女子成仙早逝，如杜甫之"斬根削皮如紫玉，江妃水仙惜不得"，再如元陳旅《次韻友人京華即事》句，"仙女乘鸞吹紫玉，才人騎馬勒黃金"。伯駒此處用"紫玉"，恰與"可奈個人離別"相照應。如此言之，則當係於李氏身後懷緬之作。己卯中秋，時在 1939 年 9 月 27 日，"隻影那堪重對比"與"更誰低問涼熱"兩句，正是合了秦觀詞"盡道有些堪恨處，無情。任是無情也動人。"在張伯駒複雜的情感世界裏，何嘗就會忘懷"莫羞兒女難堪語，此是人生第一緣"呢？

收藏蔡襄《自書詩冊》

　　從 1939 年秋末冬初至 1940 年，張伯駒主要還是往返於北平、上海之間，照看鹽業銀行業務。

　　1940 年 3 月 30 日，汪精衛在日本人的支持下，在南京組織起傀儡政府，自任偽國民政府代主席兼行政院院長，陳公博任立法院院長，梁鴻志為監察院院長，王揖唐為考試院院長，溫宗堯為司法院院長。

　　時任鹽業銀行代理董事長兼總經理的任鳳苞，其胞姪任援道在汪偽政權地位十分顯赫，擔任中央政治委員會指定委員、軍事委員會常務委員、海軍部部長。任鳳苞仗此後援，鹽業銀行不至於有太大難處。

　　張伯駒在北平期間，遇到故宮博物院負責書畫碑帖鑒定的專門委員朱文鈞之母去世。朱文鈞字幼平，號翼盦，祖籍浙江蕭山，是清體仁閣大學士朱鳳標的後人，早在 1937 年即已病逝，朱家的生活亦是捉襟見肘。因傅增湘與朱文鈞同任故宮專門委員，所以又是經傅介紹，張伯駒從朱家購得宋蔡襄《自書詩冊》，解朱家燃眉之急。

　　朱文鈞之子朱家溍在《從舊藏蔡襄〈自書詩卷〉談起》裏記述經過：

　　　　辛亥革命後，宮中書畫器物等除溥儀以賞溥傑為名攜出的部分和作為向銀行借款的抵押品以及賞賜遺老，贈送民國要人的以外，由太監和內務府人員竊出的也不在少數。蔡襄此帖想當然也是被太監們竊出的。當年地安門大街橋南路西有一家"品古齋"，是北城惟一的古玩舖（原註：其餘還有一兩家只是所謂"掛貨屋子"）。太監們出神武門，距離最近的銷贓處當然就是"品古齋"了。此外，北城的王公將相第宅很多，落魄的紈絝子弟以及管家們也都把"品古齋"當作銷售場所。因此在"品古齋"常能發現出乎意料的精品，以至於琉璃廠和東四牌樓一帶的古玩舖也時常到這裏來找俏貨。

蔡襄此帖就是當年"品古齋"鄭掌櫃送到我家的，先父看過後以五千銀元成交。《選學齋書畫寓目續記》的作者崇彝庵先生與我家是世交，他第一次看到此帖實際就是在我家。當時先父叮囑他不要外傳，所以他在書中稱此帖"近復流落燕市，未卜伊誰唱得寶之歌。"

先父在此帖跋語中有"壬申春，偶因篋鑰不謹竟致失去，窮索累日乃得於海王村肆中"之說，是指1932年此帖被我家一僕人吳榮竊去後，又復得之事。吳榮竊得此帖，便拿到一個與我家沒有交往的古玩舖"賞奇齋"求售。掌櫃的一看便知道是從我家竊得的東西，遂表示只肯以六百元買下，否則就報告公安局，吳榮只好答應。"賞奇齋"掌櫃把上述情況告訴了"德寶齋"掌櫃劉廉泉和"文祿堂"掌櫃王搢青，並請他們通知我家。劉、王二位與先父商議，認為最佳辦法是不要追究吳榮，而盡快出錢從"賞奇齋"把此帖贖回來。先父一一照辦。此事如無"賞奇齋"與劉、王兩位幫忙，後果就不堪設想了。所以除償還"賞奇齋"六百元墊款外，我家又贈掌櫃的一千元作為酬勞。此帖拿回後，先父就決定影印出版。當時他是故宮博物院負責鑒定書畫碑帖的專門委員，於是就委託故宮印刷所影印，命我把此帖送到東連房（原註：印刷所的工作室），由經理兼技師楊心德用 12 寸的玻璃底版按原大拍照，張德恆（原註：現在台北故宮）沖洗。這是此帖第一次影印發行。那時距今已整六十年了。

先父逝世後，抗戰期間我離家到重慶工作。家中因辦理祖母喪事亟需用錢，傅沅叔（傅增湘）世丈將此帖作價三萬五千元，由"惠古齋"柳春農經手讓與張伯駒。此帖在我家收藏了二十餘載，在張家十數載，隨展子虔《遊春圖》、陸機《平復帖》等名跡一起捐贈給國家。自此以後，蔡襄此帖便藏入故宮博物院。

張伯駒自己也在《叢碧書畫錄》裏著錄：

宋蔡襄自書詩冊

行書，詩十二首，字體徑寸，姿態翩翩。有歐陽修批語，蔡伸、楊時、張正民、蔣璨、向志、張天雨、張樞、陳槔、吳勤、胡粹諸跋。南宋經賈似道藏。按：宋四書家蔡書深得《蘭亭》神髓，看似平易而最難學。此冊為蔡書之最精者。

張伯駒在《春遊社瑣談》裏又有《宋蔡忠惠君謨自書詩冊》：

淡黃紙本，潔淨如新。烏絲格，字徑寸，行楷具備，姿態翩翩。開首書"詩之三"，下小字書"皇祐二年十一月外除赴京"。詩《南劍州芋陽鋪見臘月桃花》七絕一首、《書戴處士屋壁》七古一首、《題龍紀僧居室》五律一首（原註：此首歐陽文忠批"此一篇極有古人風格"）、《題南劍州延平閣》五古一首、《自漁梁驛至衢州大雪有懷》五長律一首、《福州寧越門外石橋看西山晚照》五絕一首、《杭州臨平精嚴寺西軒見芍藥兩枝，追想吉祥院賞花，慨然有感，書呈蘇才翁》七絕三首、《崇德夜泊，寄福建提刑

章屯田思錢塘春月併遊》五長律一首、《嘉禾郡偶書》七絕一首、《無錫縣弔浮屠日開》五古一首、《汲惠山泉煮茶》五古一首，共計字八百八十四。冊後及隔水有賈似道三印。……在廢帝溥儀未出宮時，由太監偷出。蕭山朱翼盦（朱文鈞）氏於地安門市得之，其時價五千元。壬申（1932）失去，窮索復得之於海王村肆中，又以巨金贖之歸（原註：見此冊影印朱氏跋中）。朱氏逝後，其嗣仍寶之不肯讓人。庚辰歲（1940）翼盦氏之原配逝世，其嗣以營葬費始出讓，由惠古齋柳春農持來。時梁鴻志主南京偽政，勢煊赫，欲收之，云已出價四萬元。時物價雖漲，然亦值原幣二萬餘元。而朱家索四萬五千元，余即允之，遂歸余。

　　……

　　余習書，四十歲前學右軍《十七帖》，四十歲後學鍾太傅

蔡襄《自書詩卷》（局部）

楷書，殊呆滯乏韻。觀此冊始知忠惠為師右軍而化之，余乃師古而不化者也。遂日摩挲玩味，蓋取其貌必先取其神，不求其似而便有似處；取其貌不取其神，求其似而終不能似。余近日書法稍有進益，乃得力於忠惠此冊。假使二百年後有鑒定家視余五十歲以前之書，必謂為偽跡矣。

伯駒文中，把朱文鈞母去世誤作朱文鈞原配夫人去世。另伯駒所云價格與朱家溍所云價格不一致。朱家溍言是三萬五千元，而伯駒則云付了四萬五千元。張伯駒文中在談到收藏書畫之價格時，每每與其他記錄多有出入，有時伯駒自己亦自相矛盾，可見其對於孔方兄，實在是不大上心。

此幅蔡襄《自書詩冊》，徐邦達《重訂清故宮舊藏書畫錄》評定此帖為，"真跡，上上"，藝術價值極高，伯駒愛不釋手，終日臨摹，書法自是長進不少。

張伯駒上海綁架案（一）

1941 年（民國三十年）4 月 15 日，張伯駒虛歲四十四歲時，他得到鹽業銀行代理董事長兼代理總經理任鳳苞的正式委託，協助負責鹽行在上海的總管理處。任鳳苞函云：

> 伯駒仁兄大鑒：
>
> 迭得前兄來函重申前約，委託弟主持行務。衰老之軀精力恐有未周，而總處報告時有出入，真相亦難盡悉。用特奉煩執事就近暫為照料，遇有重要之事並希隨時見示，以憑酌辦。專此奉託，順頌時綏。
>
> 弟　鳳苞　頓首
> 四月十五日

張伯駒偕潘素赴滬上任，誰知到上海不久，就發生了綁架大案。6 月 5 日，張伯駒在上海法租界亞爾培路（今陝西南路）培福里住所的弄口被連人帶汽車一起綁架。張伯駒《鹽業銀行與我家》文記：

> 1941 年，我家居上海法租界亞爾培路，被匪徒綁架。組織這次綁架的是駐紮上海的偽軍第十三師師長丁錫三（原註：

屬汪偽政權的偽軍劉培緒第三軍）。被綁後，土匪把我估價過高，遷延了八個月。在此期間，任鳳苞曾主張把我所存字畫賣與大漢奸任援道、梁鴻志，可以得到現款；因過去我曾告訴我妻潘素，我所存的字畫是不能動的，所以她不肯這樣做。後來這件事鬧得汪精衛都知道了，他們也調查出我沒有錢，急欲結束這事，要潘素拿出四十萬元中儲券。我家拿不出來，潘素只好求救於鹽業銀行。上海行打電報求援於平津兩行，北平行表示沒有錢，天津行有錢不肯拿，藉口說日本人限制申請匯款，無法可想。在這種情況下，土匪就要撕票，幸由友人上海市復興銀行總經理孫曜東借給中儲券二十萬元，鹽業銀行上海行經理蕭彥和拿出十萬元，再由河南同鄉商人牛敬亭資助十萬元，才把我贖出來。天津方面不肯援手，甚至撕票也在所不顧。

關於張伯駒被綁架案，孫曜東仍是自稱為親歷者，他的說法與伯駒不同，認為係汪偽特工組織，即臭名昭著的"七十六號"所為。孫曜東口述、宋路霞整理《浮世萬象》記述：

> （朱虞生）調走後，（鹽行上海行）行裏只剩下一個副經理蕭彥和與襄理李祖萊。這個蕭彥和是個有名的大好人，類似一個看守經理，主管安全保衛和總務，平時對行裏的業務不管不問，外號叫"蕭死人"。而襄理李祖萊則是個頭腦活絡的人，他同時還兼任營業部主任，主管會計、出納等要害部門。任何一個銀行的營業部主任都是精明能幹、能獨當一面的人擔任的，況且李祖萊又是寧波小港李家的人。社會聯繫

廣泛，能夠吸收存款，所以朱虞生一調走，他的地位就很突出了。按照他本人的想法，這時應當把蕭彥和升為經理，而他李祖萊就應當升上副經理了，他覺得除此安排之外，吳鼎昌已拿不出別的招數了。

誰知吳鼎昌根本看不上他李祖萊，因為他與汪偽的"七十六號"（即汪偽特工總部，在上海極司非爾路七十六號，後改名萬航渡路）有勾結，跟吳四寶（吳世寶，下同）、李士羣等人打得火熱，白天在行裏上班，晚上就泡在"七十六號"裏。李士羣和吳四寶，一個是特務（李原在國民黨軍統，後在汪偽特工總部的副主任，是實際負責人），一個原來是汽車司機（吳最初為麗都舞廳老闆高鑫寶的司機，後在汪偽特工總部擔任警衛總隊長兼第一特務大隊長），對做生意賺錢一竅不通，而"七十六號"經費不夠，就需要做生意積累資金，擴張實力。這時，李祖萊就充當了他們的財務主謀，幫他們辦"三產"，而且是通過他們的太太出面。太太們沒有不見錢眼開的，於是辦起了許多酒店和公司。位於靜安寺路（原註：現南京西路）青海路路口的美華酒家就是"七十六號"開的飯店，李祖萊當經理。他與"七十六號"一勾結，在銀行界就失去了很多人心，人家只能對他畏而遠之。為了維護鹽業銀行的名譽和地位，吳鼎昌怎麼可能在這個時候提拔他擔任副理呢？

所以，吳鼎昌找到了張伯駒，請他"出山"，到上海去以總稽核身份兼任鹽業銀行上海分行的經理。開始他不願去，因他久住北京，在北京不僅人熟地熟，還有他一幫子"名士"

朋友，他原本各種活動也忙得很。吳鼎昌對他說：“你若不去，那叫誰去呢？”他想了想，確實也沒有甚麼人能調了。天津行那頭也很重要，不能拆東牆補西牆。於是，他只好自己走馬上任來到上海，誰知竟遭了綁票。

張伯駒到上海先找到我，說是這次不是來玩的了，是來上海當銀行經理。我吃了一驚，因為那時已是汪偽時期，在上海做事要麼要與汪偽取得某些妥協，要麼就要受到種種威脅，這個時候做事是很危險的。當時我已落水幫周佛海（周在 1941 年初擔任汪偽中央政治委員會秘書長、行政院副院長兼財政部長、中央財務委員會主任委員、中央儲備銀行總裁）辦銀行，出任復興銀行行長，還兼任了周的秘書。我覺得你張伯駒何必呢？你一介清流名士，於家於國都無愧，若在上海時間長了，弄出些說不清楚的是非來如何是好？我說：“你為甚麼要親自來？你何必呢？”他說：“我不親自來怎麼辦呢，我家那麼多東西都在銀行裏，交給那個賴傢伙（原註：指李祖萊）可怎麼好？老弟你幫幫我吧！”

我後來倒真的幫了他一個大忙，即把他從吳四寶的手裏救出來。

張伯駒在上海沒有私人住宅，有一段時間住在江灣的鹽業新村（原註：鹽業銀行的房產），後來覺得進出太不方便，就住進陝西北路培福里一個姓牛的同鄉家裏。他這個同鄉在上海做牛皮生意，很有錢，房子很寬敞，張伯駒遭綁架即是在那兒。

那天早晨張伯駒去銀行上班，剛走到弄堂口，迎面上來一夥匪徒，抓了人即揚長而去。鄰居見此情景，忙去告訴潘妃（即潘素）。潘妃一聽嚇傻了，不知如何是好，只好跑到我家來。當時我已去上班，吳媽（孫的夫人）在家。吳媽一個電話打到我辦公室，說是伯駒出事了，張太太也在這兒，叫我趕緊想辦法。我放下電話趕回家裏，潘妃已哭得說不出話來，一見面就向我跪下了。我急忙扶她起來。嘴上安慰她不要着急，其實自己還弄不清是怎麼一回事。吃過中飯我分析來分析去，想想伯駒在上海並無甚麼仇人，只有鹽業銀行的李某，伯駒一來就擋了他的升官之路，或許是他惱羞成怒，來加害伯駒的。於是我一個電話打到鹽業銀行，接電話的正是李祖萊。他極為聰明，主動提起伯駒被綁的事，裝作很着急的樣子。我正色告訴他，伯駒是我的把兄弟，這件事我要管一管，請行裏也配合一下，意思是告訴他，我正在幫伯駒的忙，而我的後台是周佛海，這一點他是清楚的。

放下電話我又通過其他渠道打探，結果不出所料，事情正是“七十六號”幹的，而幕後指使者是李某。他們用一特製的車子，把車中間部位掏空，騰出一個能躺一個人的位置，把伯駒正好塞在裏面，躲過了租界警察的檢查。

第二天，潘妃接到綁匪的電話，說是要二百根大條（原註：十兩一根金條），否則就撕票。這下潘妃更急了，不停地哭，吳媽就安排她暫住在我們家裏，以防不測。其實我心裏明白，他們是不敢撕票的，只是錢和時間的問題，因為我已經向周佛海匯報了此事。

周佛海那時在南京，每週六回上海。張伯駒出事後的第一個週六我見到周佛海，講完銀行的事，就把伯駒的事講了。周聽了也是一怔，忙問：“誰幹的？”我也毫不客氣地把“七十六號”捅了出來，並談了我的分析，我認為此事一定與李祖萊有關。

當時日本人雖然還未進入租界，但局勢已非常緊張，北方的大銀行紛紛南下，到上海的租界裏謀一立足之地。周曾給我一個任務，叫我聯絡銀行界，穩定人心，以便穩定南方的金融秩序。而此綁票事件一出，我認為勢必造成人心惶恐，況且鹽業銀行財大勢大，張伯駒又是知名人士，此事若不妥善解決，銀行界必視上海為畏途，人家不敢到上海來了。於是，我力促周佛海親自發話。周聽了我的分析後皺着眉頭說：“簡直胡鬧！叫李士羣趕緊把此事了掉！”他後來給李士羣掛了電話，追問李士羣是怎麼回事。李士羣可能當時真的不知道詳情，就說一定查一下，如有此事一定抓緊解決。

既然周佛海發了話，我等於有了尚方寶劍。一方面叫潘妃與那些敲竹槓的綁匪保持電話聯繫，不妨可以討價還價，拖延時間，以利我有時間與李士羣、吳四寶、李祖萊周旋。

在此過程當中，李祖萊眼看鋪戶紙已被捅破了，他躲在幕後躲不住了，就直接給我來了一個電話，說是叫我不要管這些閒事了，語氣一半是勸說，一半是威脅。我那時年輕氣盛，本來就愛打抱不平，這次搞到我要好的把兄弟頭上了，我豈能坐得住！我跟他講：“你老兄幫我找老吳（原註：指吳四寶）說說，請他一定幫我這個忙，至於‘鋪路’的事，咱‘光棍不擋財路’，一切由我負責，請他放心好了。而且我們孫家也是鹽業銀行的股東，自己家裏的事自己不管誰管？請你老兄幫幫忙吧，現在大家手頭都不寬裕，賣我個面子吧！"

他們要敲詐二百根大條，我只答應十分之一，李祖萊自然是一肚子氣。但李士羣已向周佛海保證查清並了結此事，他也沒辦法。況且二百根大條對於"七十六號"來說，根本就是區區小數，李士羣、吳四寶根本不會放在眼裏，這次綁票的實質並不在於錢多少，而是李祖萊為出一口惡氣，因為假若張伯駒不來上海，他就可以升副理代理行務了。但他沒想到這次與他綁方液仙不同，他遇上了克星。

我之所以認為要給他二十根大條作交換，主要是怕他手下的那幫亡命之徒撕票。他們忙活了一陣子一點好處也沒撈到的話，也容易出事，所以還得預防他們一手，給他們點好處，免得弄得太緊張了，反而壞事。後來我也知道了，那天帶人去培福里的，是吳四寶的得力幫手張國震，此人是吳四寶的徒弟，吳四寶是行動大隊長，他是中隊長。此人最後的下場也很戲劇性，是被"七十六號"他們自己人打死的。

我又給李士羣打過兩次電話，第一次請他從中幫忙，盡快把人放出來，而且對他明言："'光棍不擋財路'，這個我懂，不會讓兄弟們太吃虧的。"他說他要了解一下，然後再給我回話。第二次我又打電話過去催他，他說情況已弄清楚了，他一定幫忙。這樣我就放心了，接下來就是具體送金條的事了。我叫潘素與我統一口徑，她那頭跟綁匪對話，也一口咬定只有二十根大條。

李祖萊真是個狡猾的傢伙，他眼看不能不放人了，就又耍了一招，把"票"轉移送人了！繼續關下去也不可能，上司不允；放了吧，太失面子，又不甘心，於是把伯駒送到浦東，當人情送給了林之江和丁錫山（即張伯駒回憶裏提到的丁錫三——筆者註）。這個林之江當時是偽軍第四師師長（林是偽蘇浙皖肅清委員會下屬反共救國軍第四路司令，在汪偽特工組織裏任第一行動大隊長、租界突擊隊參謀長兼第一大隊隊長，曾親手槍殺了國民黨中統情報人員鄭蘋如），部隊在浦東。他的部隊在市區有辦事處，也在萬航渡路，與"七十六號"斜對門。此人後來投奔共產黨，被國民黨特務殺害了。

張伯駒被帶到浦東後，關在一個農民的家裏。林之江派人來接頭時，我拿出二十根大條給吳媽，由吳媽交給潘素，並由吳媽陪同潘素，把條子送到接頭點。送去二三天後伯駒就回來了。原來他發現看管他的人突然不見了，他就跑了出來。我們見面時覺得他比原先胖了些，可知在這一個月當中並沒遭皮肉之苦，只是臉上多了一個疤，那是生了一個疔子化膿而致。

伯駒為了感謝我，拿出他的一件寶貝藏品：北宋蔡襄《自書詩冊》送給我。我怎麼能收呢，那時他人剛回來，驚魂未定，最要緊的是要回北京去，離開上海這個是非之地。況且我知道，這部蔡氏詩冊是他花四萬五千塊錢買下的，當初是清宮秘藏，在溥儀未被趕出紫禁城時，就被太監偷出來賣了。蕭山朱翼盦（朱文鈞）從地安門市肆購得。朱氏夫婦去世後，其後代為籌營葬費才賣出來。梁鴻志已出價四萬元，伯駒出價四萬五千元，終於收歸己有。這樣一份千年瑰寶，伯駒愛之尤深，我決不能奪人之所愛，遂堅拒之。後來這件寶貝與傳世最早的法帖《平復帖》等國寶一起，在解放後由伯駒夫婦捐獻給故宮博物院了。

　　他們夫婦在我家住了幾天後回到北京，從此再沒有來過上海。

孫曜東敍述，雖有一些疑點，但有些地方確又是真實的。譬如關於張伯駒在上海的住所及與房東關係等等。張伯駒自述裏也談到，他在上海所住的亞爾培路培福里二十號的主人名牛敬亭，牛與其妹妹張家芬有生意往來。

關於孫曜東所提到方液仙案和李祖萊。黃美真根據汪偽特務組織要員馬嘯天、汪曼雲在1962年所寫交代材料而整理的《我所知道的汪偽特工內幕》記，汪偽特務搜刮財產不擇手段，1940年7月25日，汪偽特工組織"七十六號"，還曾在上海星加坡路即今餘姚路10號綁架過中國化學工業社總經理方液仙，李祖萊也參與了這樁綁架案。

　　方液仙被綁票後，方的家屬以為是給綁匪綁去，並未疑及"七十六號"。然而，紙是包不住火的，方的家屬終於找到了線索，這消息是吳世寶的妻子佘愛珍透露給他的面首李祖萊的。李祖萊與方家不僅是寧波同鄉，而且還沾點親，於是李便將消息透露給了方家。方液仙的妻子託李祖萊向李士羣疏通。但此時方液仙已死亡，李士羣考慮這件事傳出去影響太大，乾脆不認賬，李祖萊為了對方家有個交代，便轉過來走吳世寶的門路。他憑着與佘愛珍的"特殊"關係，讓佘愛珍從中斡旋。吳世寶本來就是個流氓，並不以綁票為恥，交出屍體，換一筆錢，他是樂意幹的。但李士羣不認賬，他也只好來個不應承。最後經李祖萊一再請託，特別是佘愛珍的幕後作用，吳世寶才告訴李祖萊，方液仙的屍體經他派人多方打聽，才知道放在某某殯儀館，要李祖萊通知方家自己去領。（原註：據方液仙女兒說，方家並未找到方液仙的屍體，方液仙的墳墓是衣冠塚）據說方家為了領回屍體，先後用去十幾萬元。至於李士羣、吳世寶、顧寶林等怎麼分贓，只有他們自己知道。

黃美真所整理的記錄，對於孫曜東的回憶，也是有力佐證。

張伯駒上海綁架案（二）

　　關於張伯駒被綁架案，還留下一種敘述方式，即鹽業銀行檔案，當時鹽行內部往來電文，今存上海檔案館《鹽業銀行案卷》，檔號 Q277-1-329。現據檔案整理：

　　1941 年 6 月 5 日，即伯駒被綁架之當日，鹽業銀行上海總管理處會計科長陳鶴蓀、文牘科長白壽芝兩位張伯駒的親信，聯名致電天津任鳳苞董事長及天津行經理陳亦侯，報告張伯駒被綁架事。電文是：

　　　　今晨伯駒兄人車被綁。祈轉諸公函詳。

　　同日，任鳳苞、陳亦侯覆電陳鶴蓀、白壽芝，要求通過李祖萊設法盡快營救伯駒。該電報於次日上午八時到達。電文是：

　　　　電悉。託祖萊兄設法，以速為妙。

　　6 月 10 日，任鳳苞致電上海總管理處，要求匯報伯駒被綁詳情。該電報於次日上午九時半到達。電文是：

　　　　伯事經過隨時用航快見告。

　　上海鹽行如何向任報告不得而知。6 月 16 日，任鳳苞致函陳鶴蓀、白壽芝，表明伯駒被綁事係個人之事，與鹽業銀行無關。任函云：

鶴蓀、壽芝仁兄惠鑒：

　　四奉手示，具悉一一。

　　伯事突如其來，遠道無能為力，焦念而已。兩兄與之交誼素敦，自應就近設法，惟應認明此為個人之事，與行無涉。兩兄對外發言，尤須注意，不可牽涉到行，否則非徒無益。

　　現在已有消息否？弟意總可解決，其解決之法，不特兄等不必顧慮，弟亦不必過問，應由其津寓主持，已通知張府矣。其居滬乃本人之意，兄等當知之。春間來津，曾問其住何處，答住行內，當託其就近照料總處之事，亦猶去歲董事會時之意，則無其他使命。假使其本無住滬之說，弟亦不能託之也。其在滬租屋乃絕大誤點，倘仍居行，當不至有此事，既往不說，惟盼早日出險耳。

　　因小有不適，頃甫稍好，匆匆佈覆。順頌

　　均祺

　　蕭兄已回滬否？同此致意。清單已到。

弟　苞　頓首
六月十六日
彥和兄處望致意

　　任鳳苞在電報裏竟將張伯駒赴滬任職說成與其無關，將責任推得一乾二淨。6月23日，白壽芝、陳鶴蓀、李蕭然三人聯名覆函任鳳苞。因任鳳苞明白要求鹽行不過問張伯駒事，所以白等改以報告他事，兼帶報告伯駒情況。其函題為《上董事長函稿》，文云：

> 振老鈞鑒：
>
> 　　前日得奉手諭，敬悉種切。伯兄事尚無正確消息，職等遵諭對外注意發言，並未出面參與其事，刻由張府直接託孫府進行營救，惟至今未聞下落何處。
>
> 　　尊致蕭副理電亦悉，此事與行無干，彥和兄亦本此意，避不參與其事，聽其自然解決，但私人交誼不能不暗中關切耳。
>
> 　　再者，滬行自用巡警孟憲武，於星期日晨與滬行幫庶務陸佩文因公口角衝突，孟竟開槍四響，將幫陸佩文擊傷斃命。當時報案，兇手已攜槍逃逸。現在被害者正辦驗屍和棺驗一層，由滬行承辦，請工部局一面緝兇，將孟之妻室扣留捕房。
>
> 　　查陸、孟二人皆北京人氏，由中國銀行佟庶務先後保薦而來，陸亦曾充巡警出身。謹以附陳。

6月26日，白壽芝、陳鶴蓀、李蕭然三人再次聯名致函任鳳苞。其函題為《致董事長函稿》，文云：

> 　　前二十三日發奉一函，報告滬行助理庶務陸佩文因公殞命，計日已承鈞覽。茲據滬行函請撫恤該員前來原函，附呈察閱。查滬行所請一次恤金三百廿四元，由總處發給，核與恤養規則相符，自應照發。惟特別恤金規則所訂（第四條第四項，行員任職十年以上，有特殊勞績而在職身故者，得由主管員陳請總管理處核給特別恤金）。該故員陸佩文任職年

份不及十年，核與規則不合，但其因公殞命，情節較重，且
該員身後蕭條，父老子幼，生活無依，尤為可憫。擬請特予
撫恤法幣若干，或批由滬行自行酌給特恤，以示寬厚。

是否有當，敬候批示祗遵。

再者，伯駒兄事仍無確實消息，刻由張府與孫曜東兄設
法進行，而行員皆未便出面。知注附陳。特此。

任鳳苞很是老辣，迅速看破白壽芝等人用意。6月30日覆函
白壽芝、陳鶴蓀、李蕭然，再次鄭重提醒，伯駒事不許牽扯進鹽
行。其函7月4日到達。函云：

兩奉手示，具悉。伯事在私交上十分懸念，兩旬以來毫
無眉目，令人急煞，若必牽涉到行，只有敬謝不敏。

三兄尚憶從前倪遠甫之事否？彼明明滬行經理也，行中
未嘗過問，以彼例此，可恍然矣。

滬行幫庶務陸君被門警槍傷致死，其可謂多事之秋，滬
行請給特別撫恤，自可照辦，但其資格甚淺，此等事尚無先
例，數目甚難酌定，頃已函商彥兄，候其覆到再行核辦。

事隔月餘，任鳳苞似亦覺過分，於8月11日密函陳鶴蓀、白
壽芝。其函8月15日到達。函中涉及伯駒被綁案云：

伯駒之事尚無辦法，甚為焦灼。數目太大，無論何人不
便為之主持。大家皆竭力設法，為之減低對方願望。而駒函
偏謂有此力量，然其所指財產並不確實，如所稱股票廿四萬
元，謂在鶴兄及楊西明處有十一萬元，內有半數抵押在外，

其餘十三萬元不知在何處。津宅房產，其家不承認，謂非其本人所有，絕對不能作抵。蓋實在數目與其來函相差甚遠，愛莫能助，深為愧疚。特密告兩兄知之，仍勿為外人道也。

8月15日，任鳳苞再致密函給陳鶴蓀、白壽芝。其函8月18日到達，函云：

昨奉還云，知前函已達，各事均經照辦，至慰。

茲密啟者，駒事發生後，無日不在營救之中，往來函件已成巨冊，特以關係重大，不欲張揚。兩兄或誤為置諸不理，其滬寓當也同此感想。就經過情形而論，本可速了，乃因駒困處悶葫蘆之中，急欲脫險，昧於事理，不擇手段，始則承認以行為對手，方索款二百萬，繼則將自身財產隨意開列，認繳一百萬，責成行方籌墊，以致對方慾望甚奢，居間人深感棘手，遷延至今，尚難解決。

查駒所列財產，首為津宅房地，謂值卅五萬，但據張四太太聲明，為其個人私產，與駒無涉，不得指為抵品。其次為我行股票廿四萬，據云滬存十一萬（原註：已在大陸抵押三萬元，尚能取贖），津存十三萬（原註：謂鶴兄知之），是否屬實，尚待調查。其次為古玩字畫（原註：謂由楊西明代為保存），據云值廿萬，但至今並未交出。

綜計上開產業，或為他人之物，或不知其所在，或尚在保管者之手，僅憑一紙空言，而欲動用行款至百萬之巨，無論何人主持，恐均難望通過。

此間股東對駒舉動頗致不滿，揚言如因此事動用行款一文，斷難承認。弟又豈能負此重大責任。

張四太太最近且有函致弟，聲明津寓無力代籌，囑就駒所開滬存各件設法處分，即使如數交出，所值至多亦不能過三十萬元，所差尚巨。

日前先決問題，第一，在使對方知駒本身無此財力（原註：駒致函其滬寓，曾有付出百萬，家中尚不致無飯吃等語，似此一味充闊，對方豈肯放手？徒多拖延時日，自討苦吃而已），而行方亦不能幫忙，庶可減低慾望，或能早日解決；第二，在使其滬寓知我輩亦在設法營救，但行款不能動用，而駒所指產業多不確實，其津寓又無力相助，以致諸多棘手。

至駒之令妹慕岐，毫無準備屢與對方接洽，亦屬欠妥，可否由兩兄向西明表示此意，囑其轉告駒之如君處以鎮靜，或者對方知慾望難遂後，此較易着手。

所應注意者，一、不可向其說明出自鄙人之意；二、兩兄不可以此函示第三人，至要至要。

弟以為現在不過遷延時日，不致發生危險，因留此活票，多少總可沾潤。至於弟辦理此事，公事上對得起行，私交上對得起駒，事了之後案牘俱在，可以公開閱看。駒能見諒與否，在所不計。弟深信兩兄辦事謹慎，且與駒交好，用敢密告，務希嚴守秘密，妥為辦理，至所盼禱，並望速覆。

順頌秋祺。

任鳳苞函所提到的“張四太太”，應係指張鎮芳第四側室孫善卿，張家家裏稱之為“四老太太”。任所云“駒之令妹”，即張家芬。

伯駒在滬居住的牛家，與張家芬一起做生意，所以張家芬在此期間也應到過上海。

8月22日，任鳳苞又致函陳鶴蓀、白壽芝。函云：

> 昨展十九日手示，具悉一一。奉答如下：
>
> 一、承示近三年股票過戶清單已閱悉，以後請每三月見示一次，如有大宗過戶者，則隨時報告。
>
> 一、聞張宅人言，駒名下卻（確）有廿四萬元股票，但出讓之十二萬元是否在此數之內，則不得而知，現在股東名冊內駒尚有若干，祈查示。
>
> 一、駒事遲延不決，不可謂非其自誤，雖在威脅恫嚇之中，其來函處處拉住本行，試問行款安能贖票？無論何人皆不敢負此責任。若本人果有相當財產，盡可令其家人交出，不拘何處，皆可抵借，不必專仗本行籌款也。
>
> 其令叔毫無辦法，頻踐對方之約，與之接洽當然不能有結果，徒然令幫忙之人發生困難。現不慮其有危險，慮其身子支不住，愛莫能助，此弟所疚心者。
>
> 十五函請暗示西明，意在使駒之如君知行方不能贖票，大家卻仍設法營救，而駒之資財只有此數，與對方所索之數相去太遠，所以無法辦理。駒之如君果能明了，則孫某自然知之，輾轉相傳，對方或可減低慾望，辦事者庶可易於著手，望再度進行，不可說出自弟意，並見覆。此亦為營救之要，關鍵兩兄與之交好，幸勿大意。切要切要。

任函末特意又註明"此函守秘密"。函中"其令叔"，應指伯駒生父張錦芳，則錦芳此際應仍在世。

在張伯駒綁架案中，除孫曜東等友人外，以為潘素奔走營救出力最多，對於家中其他人，則所言甚少。在 1952 年其與妹妹劉張家芬為家產分配對簿公堂時，伯駒在答辯裏寫道：

> 劉張家芬約在民國十二三年（1923—1924）出嫁，我父親於民國二十二年（1933）去世，這時劉張家芬並沒有分產的提出。我給她鹽業銀行股票兩萬、房子一所，她很滿意。
>
> 到民國二十九年（1940），她把房子賣出，款匯交牛敬亭為其做買賣。我在民國三十年（1941），在上海被汪精衛偽軍綁架，潘素為營救我奔走借債，劉張家芬怕借用她的錢，她派人從牛敬亭那裏拿走。

這就是說，張家芬在伯駒綁架案裏，不僅沒有幫忙，反而怕自己虧了錢。其個中是非，外人實難辨明，姑且錄之如上，供高明者裁斷。

張伯駒父親張鎮芳於張勳復辟案中身陷囹圄三月餘，而伯駒被綁則歷八月餘，始得逃出牢籠。

1942 年 1 月 28 日，鹽業銀行上海總管理致電任鳳苞，告知以伯駒已獲釋，住進醫院休養，隨後將返回平津。其電文云：

> 駒兄就醫，稍遲數日赴津，銘豔日乘車起程。

按照孫曜東的說法，張伯駒的贖金是二十根金條，也就是二百兩黃金。按照張伯駒的說法，則是"中儲券"四十萬元。"中儲券"就是汪偽中央儲備銀行發行的貨幣，最初是與國民黨政府的"法幣"等值兌換,後來汪偽為打壓法幣,強行令法幣貶值,達到1元中儲券兌換2元法幣的程度。張伯駒交納贖金時的匯率不詳,但四十萬元中儲券,折合成法幣,至少還要上浮 20%~30%。若是按黃金來計算,張家的損失就更大了。

張伯駒與余叔岩訣別

被綁架的八個月是如何度過的，伯駒沒有詳細講過，只是在《叢碧詞》裏留下幾首詞作。以時間為序列出：

1941 年 8 月 29 日即辛巳七夕，作有《菩薩蠻· 辛巳七夕寄慧素》詞云：

> 聲聲何處吹簫管，可憐一曲長生殿。唱到斷腸時，君王也離別。
>
> 露零羅扇濕，疑是雙星泣。不忍望銀河，人間淚更多。

這是伯駒感到了絕望，反用唐明皇楊貴妃故事，表明自己將與潘素離別。

1941 年 10 月 5 日即辛巳中秋，作有《前調· 中秋寄慧素》詞云：

> 怕聽說是團圓節，良宵可奈人離別。對月總低頭，舉頭生客愁。
>
> 清輝今夜共，砧杵秋閨夢。一片白如銀，偏多照淚痕。

這是伯駒仍然沒有擺脫死亡的陰影，但事態已不似七夕時那樣緊迫。此首裏的"離別"，既不排除"大離別"即生死離別的可能性；但也有"小離別"的意思在內，即思念潘素的成分更多一些。

1941年深秋作自度曲《夢還家‧無人院宇》，詞並序云：

> 自度曲。難中臥病，見桂花一枝，始知秋深，感賦寄慧素。
>
> 無人院宇，靜陰陰，玉露濕珠樹。井梧初黃，庭莎猶綠，亂蟲自訴。良宵剪燭瑤窗，記與伊人對語。而今隻影漂流，念故園，在何處？想他兩地兩心同。比斷雁離鴛，哀鳴淺渚。
>
> 近時但覺衣單，問秋深幾許？病中乍見一枝花，不知是淚是雨。昨夜夢裏歡娛，恨醒來，卻無據。誰知萬緒千思，那不眠更苦。又離家漸久還遙，夢也不如不做。

到這時，伯駒應是已知脫離了死亡的危險，只是長時間的囚禁生活，令他倍感孤獨寂寞。然而，恰是這樣的痛苦，令伯駒也驗證了自己對於潘素的愛情。"記與伊人對語"，"想他兩地兩心同"，這兩句與"故園""離家"緊密相連，此時此刻，對於伯駒而言，家即潘素，潘素即家。

1942年1月即辛巳年十一月下旬，作詞《虞美人》，詞並序云：

> 十一月下旬雪，接慧素信，詞以寄之。
>
> 野梅做蕊殘冬近，歸去無音信。北風搖夢客思家，又見雪花飄落似楊花。
>
> 鄉書昨日傳魚素，多少傷心語。枕頭斜倚到天明，一夜燭灰成淚淚成冰。

到這首詞，情況就較為明朗了，春來歸家，似僅是時間問題了，只是愈到春來愈多折磨，或許此中又有若干反覆。

張伯駒《叢碧詞》裏尚有部分詞作，似與伯駒這段經歷相關，但無明證，暫不一一舉出。

張伯駒被贖出後，略經住院調理即返回北平。《張伯駒自述》說：

> 1942 年在北京，因在拘禁中染瘧疾，回京又犯病臥牀三個月。

張伯駒身體復原後，心中的恐懼感卻仍一時難以消除，於是決定偕潘素離開北平，經由洛陽轉入大後方，先避居在四川、甘肅一帶，其後定居西安。張伯駒《鹽業銀行與我家》文說：

> 在淪陷區看來已無法生活，因而於 1942 年，由王紹賢借給我三千元，再度挈眷轉入後方，先避居蜀隴間，後定居西安。日寇投降後，才回到北平。

他們大約是在這一年的十月出發的。臨行前，張伯駒去看望了病中的余叔岩。劉真等主編《余叔岩與余派藝術》[33] 附《余叔岩年譜》，記余 1942 年事云：

> 余叔岩膀胱癌擴散，改由協和醫院治療，但美日交戰後，燕京大學及協和醫院均遭日軍封閉，英美人士撤離北平，中國專家多遠走大後方。余叔岩求醫無門，又不肯找日本醫生

33　劉真：《余叔岩與余派藝術》，學苑出版社，2011 年。

治療，故病情日趨嚴重。

張伯駒《我從余叔岩先生研究戲劇的回憶》記載：

　　1941 年我去上海時，突然被汪精衛的偽特務機關綁架，囚禁了八個月，脫險後回到北京，又與余先生見了面。他談到我被難後的情形時，很為我抱不平。他說我囚禁期間，有坐視不理的，有"落井下石"的，事實確是如此。當時我雖然脫險，實際上自己花了不少錢。我出獄後，由於物價高漲，生活方面眼看着難以維持了，我只好決定離開北京到後方去。

　　這年舊曆重陽的前幾天，余先生的病經協和醫院割治後，在膀胱內通了一管子，便尿不能走尿道，必須每月換洗一次。但自日本與美國開戰後，協和醫院就被沒收了，余先生的病也無法繼續治療，只能在家待時而已。我走的頭一天晚上去看他時（原註：這是我和余先生的最後一面），他正在北屋東間的牀上躺着，我怕說出來保不定要大哭一場，沒敢對他說我要走的事，只說些閒話和安慰他的話。當時我明白，他不知道，所以有時我的眼淚幾乎要奪眶而出，只好藉着上廁所去拭一拭。這次我坐到十二點才忍淚而去。

張伯駒《紅毹紀夢詩註》亦記錄說：

　　叔岩夙患溺血病，自與余合演《空城計》後，病加劇。盧溝橋事變後，經德國醫院割治。病為膀胱癌，一年後癌擴散，又由協和醫院割治，於小腹通一皮管作溺。是年余四十五歲，將於重陽後離北京去西安，行前一日晚，往視叔岩，已知叔岩病不能愈，此為生離死別之最後一面。叔岩臥於東室，余只作尋常語，不言余離京事，恐說出彼此難免一哭，但余淚不覺自下，乃赴外室拭之。相對兩時，余離去，十餘年之交情，遂至此結束。

余叔岩與張伯駒彼此都知道，訣別的時刻到了。這樣的兩個人，一個享盛名，負絕藝；一個有大名，有大才，也有大錢，但終究都逃脫不了命運的擺佈，最終只能是灑淚而別。

1943 年 3 月，《半月戲劇》的主編張古愚到西安，與張伯駒見面時，談到余叔岩生命垂危。張伯駒託張古愚帶了一封信給自己在鹽行的助手陳鶴蓀，交代關於余氏身後之事。張伯駒《我從余叔岩先生研究戲劇的回憶》文記：

> 我從北京到西安的第二年三月間，在一個晚會上，忽然看到上海《半月戲劇》的張古愚。我問他："你從哪裏來？"他說："從上海來，後天就要回去。"我說："我託你給我的朋友帶一封信去，請務必帶到。"他說："可以，一定交到。"第二天我去看他時，就把信交給他。我寫給朋友的這封信，內容是："預料叔岩兄之病凶多吉少，不能久長，茲擬好輓聯一副，如其去世，務望代書送至靈前為感。"

張伯駒《紅毹紀夢詩註》又記：

> 次年二月（此處係用舊曆）在西安隴海鐵路局觀戲，遇上海《戲劇月刊》主編張君，云明日即回上海。余乃託其帶致陳鶴蓀兄一信，內為輓叔岩聯。聯云："譜羽衣霓裳，昔日悲歌

張伯駒演出《四郎探母》劇照。
余叔岩飾楊延昭，張伯駒（右）
飾楊延輝

　　傳李嶠；懷高山流水，只今顧曲剩周郎。"旋接鶴蓀回信，叔
岩已於三月某日故去，輓聯送至靈前矣。

　　1943 年 5 月 19 日即民國三十二年，舊曆癸未年四月十六日，
京劇一代宗師余叔岩在北平病歿，享年五十三歲。

　　張伯駒《我從余叔岩先生研究戲劇的回憶》云：

　　　　兩個多月後，我的那位朋友回信來説，叔岩兄已於這年
　　5 月 19 日逝世，兄輓聯已書好送去。從此我們十幾年交情便
　　成霄壤之隔。我這副輓聯寫的是：

　　　　譜羽衣霓裳，昔日偷聽傳李謨；

　　　　懷高山流水，只今顧誤剩周郎。

　　張伯駒前後兩次所錄之輓聯不一致。《紅毹》版作"李嶠"，用
的是唐玄宗時期與蘇味道並稱為"蘇李"的詩人李嶠之典，儘管李

嶠與張易之、張昌宗兄弟一起也搞過一些藝術類的活動，但用在此處，不僅不工整，而且有些比擬不倫。在《研究戲劇》版裏的“李謨”，亦顯牽強，然較“李嶠”稍顯妥當。李謨是開元年間的宮廷首席笛師，至少從職業上更貼近些。伯駒輓余聯，無論李嶠李謨，皆失之於空泛，與兩人交情不能相稱，推想伯駒作聯時亦必是萬千思緒，難以落筆。

收藏展子虔《遊春圖》（一）

　　1943 年 3 月 28 日，張伯駒在西安參與開辦了一家名為福豫麵粉的公司，以李鳴鐘為董事長，伯駒任常務董事，賈玉璋為總經理，公司職員 38 人，工人 118 人，日產麵粉 2000 袋。但是，這家公司到了 1944 年就辦不下去了，原因除了自身經營不善之外，也有外部大環境的影響。費正清等編《劍橋中華民國史》[34] 介紹：

　　　　國民政府的貶值通貨流遍全國，使整個機體——軍隊、政府、經濟和社會普遍虛弱。起初通貨膨脹率比較緩和。在戰爭的頭一年，價格上升約 40%。從 1941 年下半年到 1944 年，物價每年翻一番以上。此後，增長率又急劇上升。……從 1940 年起，通貨膨脹的最重要的非金融性原因大概不是商品短缺，而是公眾對貨幣缺乏信任。……隨着 1940 年夏季稻穀歉收，農夫們開始儲存糧食，而不儲存貨幣。投機商預計將來價格上漲，也買進並囤積大量糧食。1940 年和 1941 年，重慶的食品價格隨之暴漲了將近 1400%。

　　張伯駒等人的麵粉公司，只片面地看到糧食價格迅速上漲，沒

34　費正清、費維愷編：《劍橋中華民國史》，中國社會科學出版社，1994 年。

有想到其速度如此迅猛，以至於公司資金鏈斷，只能倒閉。其實，公司早早倒閉，未嘗不是好事。費正清等編《劍橋中華民國史》記：

> 1944 年政府實際的現金支出已經下降到戰前支出的 1/4 以下。政府是在捱餓。……在 1942—1944 年，物價每年上漲 237%；1945 年僅 1 月到 8 月，價格就上漲了 251%。……早在 1940 年，官員工資的購買力已下降到戰前水平的大約 1/5。到 1943 年，實際工資跌落到 1937 年的 1/10。

就在整個社會大環境不可遏制地惡化下去的時候，中國迎來了抗日戰爭的最終勝利。1945 年 8 月 10 日，日本政府接受《波茨坦公告》，決定無條件投降。消息當夜傳來，中國舉國歡騰。8 月 14 日，日本天皇裕仁頒佈停戰詔書。15 日，中國外交部收到日本政府投降電文。9 月 9 日，中國戰區日軍投降儀式在南京舉行。

張伯駒興高采烈地從西安先趕到上海，然後再返回北平，於 10 月 10 日參加了在故宮裏舉行的第十一戰區平津地區（含北平、天津、保定、石家莊等地）日軍受降儀式，中方受降主官，是張伯駒所熟悉的第十一戰區司令孫連仲。

孫連仲，字仿魯，河北雄縣人，原是馮玉祥的部下，但後來與馮及其部下都疏遠了，改投到蔣介石親信陳誠門下，這時被任命為第十一戰區司令兼河北省政府主席，負責戰後平津河北地區接收工作。《張伯駒自述》記：

> 孫連仲到北京後，在故宮太和殿舉行日軍投降儀式，我也參加了觀禮。……有一天，孫連仲問我："唐山市、石家莊

市，你願當哪個市長？"我說我都不當，還作我銀行的事。

中央文史館編《中央文史館館員傳略·張伯駒傳》則記：

> 抗戰勝利後，曾任國民黨第十一戰區司令長官部參議、
> 河北省顧問。

按：1946年，孫連仲在北平組織了一個"第十一戰區設計委員會"作為其"智囊團"，主要負責人就是新中國成立後擔任中央人民政府典禮局局長的余心清。余心清《在蔣牢中》說：

> 經過了審慎的考慮，我建議組織一個設計委員會，廣羅學者名流和專家，經常地研究華北一般的軍政和建設問題。這個會只與孫（連仲）個人發生關係，而非軍方的，會中委員由孫聘任，不接受任何津貼。主持會務的，設正、副主任各一人，我只擔任副的，但我願意負工作上的全部責任。這樣，就可以避免因過分出頭而遭遇不必要的打擊。最後，孫同意我的辦法。

張伯駒應該就是被吸收到了這個組織，當了一名設計委員。伯駒不了解，余心清肩負着策動孫連仲起義的使命，而與余秘密聯絡的中共地下黨員之一，是王冶秋，新中國成立後，王冶秋成為國家文物部門的重要負責人。然而，隨着余心清於1947年9月被國民黨特務抓捕，所謂"設計委員會"也就不復存在了。

孫連仲要請張伯駒做唐山或石家莊的市長，只能理解成一種客氣，張伯駒亦是客氣回應，此係舊日官場慣用辭令，不可信以為

真。而伯駒年輕時已然掛過許多類似"設計委員"之類的虛銜，自然是可有可無。比這些更令他上心的是字畫。

1946 年春，張大千在北平收購到五代顧閎中的《韓熙載夜宴圖》、五代董源的《江堤晚景》、《瀟湘圖》和宋代巨然的《江山晚景》等數幅名作，得意揚揚。張伯駒雖與張大千交好，亦不能不見獵心喜。誰知剛到年底（有可能是舊曆丙戌年底），張伯駒就收得了宋代范仲淹的《道服贊》，繼而到 1947 年 8 月，張伯駒收得隋代展子虔的《遊春圖》，遂一舉又壓倒大千。

關於范仲淹《道服贊》和展子虔《遊春圖》的來歷，陳重遠著《收藏講史話》[35] 引邱震生回憶：

> 邱說：我親眼見過日本投降的那一年，偽滿皇帝溥儀從長春逃往通化，偽皇宮中的小白樓裏藏有歷代書畫千餘件，傳說溥儀帶走了一百二十多件。偽軍官兵搶奪這些書畫非常激烈，為爭奪一幅字畫相互打起來，把字畫撕扯成碎片，有個軍官將士兵搶奪到手的書畫集中起來燒毀，非常令人痛心。這時，琉璃廠古董商人跑東北買貨的有十幾位，他們買回來的珍貴書畫有：展子虔的《遊春圖》、杜牧的《張好好詩》、范仲淹的《道服贊》，後都賣給了張伯駒。北京解放後，張伯駒將這些珍貴書畫捐獻給故宮博物院。我從李欣木、崇慶瑞手中買的《蘇東坡墨寶真跡》也是他們從長春買來的，公私合營時我把它交了公。

35　陳重遠：《收藏講史話》，北京出版社，2000 年。

張伯駒在《春遊社瑣談》之《隋展子
虔遊春圖》文裏記其收購范仲淹《道服贊》
之經過説：

　　故宮散失於東北之書畫，民國
三十五年（1946 年）初有發現。吾人
即建議故宮博物院兩項辦法：一、
所有賞溥傑單內者，不論真贋統由
故宮博物院價購收回；二、選精品
經過審查，價購收回。經余考定此
一千一百九十八件中，除贋跡及不甚
重要者外，有關歷史藝術價值之品約有四五百件。按當時價
格，不需要過巨經費可大部收回。但南京政府對此漠不關心，
而故宮博物院院長馬叔平（馬衡）亦只委蛇進退而已，遂使
此名跡大多落於廠商之手。琉璃廠玉池山房馬霽川去東北最
早，其次則論文齋靳伯聲繼之。兩人皆精幹有魄力，而馬尤
狡猾。其後復有八公司之組織。馬霽川第一次攜回卷冊二十
餘件，送故宮博物院。院東約余及張大千、鄧述存（應為叔
存，即鄧以蟄）、于思泊（于省吾）、徐悲鴻、啟元伯（啟功）
審定。計有……，以上審定者多偽跡及平常之品。……蓋馬
霽川之意，以偽跡及平常之品售於故宮博物院，得回本金而
有餘；真精之跡則售與上海，以取重利，甚至勾結滬商展轉
出國，手段殊為狡獪。又靳伯聲收范仲淹《道服贊》卷，為著
名之跡，後有文與可跋。大千為蜀人，欲得之。事為馬叔平

展子虔《遊春圖卷》（局部）

所聞，亟追索，靳故避之。一日，大千、叔平聚於余家，面定由余出面洽購，收歸故宮博物院。後以黃金一百一十兩價講妥，卷付叔平。余主張寧收一件精品，不收若干普通之品。後故宮博物院開理事會，決議共收購五件，為《宋高宗書馬和之畫閔予小子之什卷》、宋人《斫琴圖卷》、盛懋昭《老子授經圖卷》、李東陽《自書各體詩卷》、文徵明書《盧鴻草堂十志冊》。叔平以為積壓馬霽川之書畫月餘，日佔本背息，若有負於彼者，誠所謂"君子可欺以其方"矣。至范卷，理事胡適、陳垣等以價昂退回。蓋胡於此道實無知耳。余乃於急景殘年鬻物舉債以收之。

收藏展子虔《遊春圖》（二）

張伯駒對於故宮博物院的責難，令故宮有苦難言。此時國民黨政權的經濟瀕於崩潰——原本在抗戰即將勝利之際，宋子文意氣風發地於 1945 年 6 月就任行政院院長，準備整頓經濟，大幹一番，其實正如胡適在日記裏所悄悄批評的一樣，胡適評論宋子文說："如此自私自利的小人，任此大事，怎麼得了！"在宋子文的各種輕率政策之下，徹底掘開了國民黨政權的經濟堤壩，再無可挽回。宋子文迫不得已承認失敗，於 1947 年 3 月黯然下台。這種狀況下，作為國立機構的故宮博物院，焉能有力量如張伯駒所說，將流失的文物掃數收回。

張伯駒以一百一十兩黃金收得范仲淹《道服贊》之後，也遇到了"經濟危機"。1947 年 8 月，琉璃廠商玉池山房掌櫃馬霽川從東北收到隋代展子虔所繪的《遊春圖》。此畫素有"天下畫卷第一"之譽，就張伯駒性格而言，更是不得不收。伯駒錢不湊手，情急之下，將西四弓弦胡同住宅售出，購回了《遊春圖》。

張伯駒《春遊社瑣談·隋展子虔遊春圖》記云：

> 後隋展子虔《遊春圖卷》，竟又為馬霽川所收。是卷自《宣和畫譜》備見著錄，為存世最古之畫跡。余聞之，亟走詢馬霽

川，索價八百兩黃金。乃與思泊（于省吾）走告馬叔平，謂此卷必應收歸故宮博物院，但須院方致函古玩商會不准出境，始易議價；至院方經費如有不足，余願代週轉，而叔平不應。余遂自告廠商，謂此卷有關歷史，不能出境，以致流出國外。八公司其他人尚有顧慮及此者，由墨寶齋馬寶山（馬保山）出面洽商，以黃金二百二十兩定價。時余屢收宋元巨跡，手頭拮据，因售出所居房產付款，將卷收歸。月餘後，南京政府張羣來京，即詢此卷，四五百兩黃金不計也。而卷已歸余有，馬霽川亦頗悔恚。然不如此，則此魯殿僅存之國珍，已不在國內矣。

張伯駒《叢碧書畫錄》裏也著錄云：

隋展子虔遊春圖

絹本，青綠設色。是卷自宣和以迄南宋、元、明、清，流傳有緒。證以敦煌石室、六朝壁畫山水，與是卷畫法相同，只以卷絹與墻壁用筆傅色有粗細之分。《墨緣匯觀》亦謂山巒樹石空鉤無皴始開唐法。今以卷內人物畫法皆如六朝之俑，更可斷為隋畫無疑。按中國山水畫，自東晉過江中原士大夫見江山之美，抒寫其情緒而作。又見佛像畫背景自以青綠為始，一為梁張僧繇沒骨法傳自印度。是卷則上承晉顧愷之，下啟唐大李將軍，為中國本來之青綠山水畫法也。

不過，1950 年代初張伯駒之妹張家芬、伯駒側室王韻緗與其打官司爭財產時，都提到弓弦胡同的房產。張家芬云，弓弦胡同宅早在數年前已經典賣，到 1947 年售出時，應該只是補上差價而已。王韻緗則在訴訟狀中明確説出，弓弦胡同宅"賣出美金兩萬餘元"。按 1946 年時的官方外匯牌價，也就是以最低價格計算，一美元約合二十元法幣，兩萬美元也要合四十萬元法幣。但是，到 1947 年，黃金價格飛漲，伯駒在收《道服贊》時，已經説到"鬻物舉債"，再要拿出二百二十兩黃金，誠然是心有餘而力不足了。

張伯駒表弟李克菲在《霽雪初融憶叢碧——兼記山水女畫家潘素》文裏透露了一個細節，李説：

> 伯駒當年罄囊借貸以重金收得稀世之寶隋代展子虔《遊春圖》的事，鹽業銀行王君紹賢曾大力協助，早在文苑傳為佳話。

李克非云張伯駒向王紹賢借貸，這是有可能的。

其一，張伯駒在《鹽業銀行與我家》文裏説，抗戰勝利之時，王紹賢曾經做過一筆大生意：

> 利用偽聯合銀行大量透支，購進黃金。那時金價折合法幣三元三角一兩，後來我才知道，他們搶進的黃金達三萬兩之多。王紹賢、岳乾齋以及北平行中部分職員，當然也分潤了若干。

此即是説，王紹賢及鹽業銀行手中，都囤有黃金。至於伯駒是否也曾分到一些，現今無從查證。

其二，張伯駒從鹽業銀行也獲得較大利益。張伯駒《鹽業銀行與我家》裏説他"陸續向鹽業透支到四十萬元收購字畫"，"在日本投降後，幣制貶值，我輕鬆地還了鹽業的欠款。"眾所周知，抗戰勝利後，國民黨貨幣貶值幾近廢紙，與之前的“四十萬元”，如何可以等值？張伯駒坦承是利用貨幣貶值償還了向鹽行透支的借款，而這種做法，作為鹽行負責者的王紹賢，至少也是默許的。

其三，1946 年 5 月，鹽業銀行在南京召開董事會，王紹賢出任總經理，張伯駒晉級為常務董事。張伯駒《鹽業銀行與我家》記：

> 1946 年，國民政府還都南京，吳鼎昌在南京為鹽業銀行召開了一次董事會議，出席的有任鳳苞、張伯駒、王紹賢、陳亦侯。吳提議，擬以王紹賢為總經理，陳亦侯為協理；關於董事長問題，吳意以任鳳苞年老，可以退休，讓與張伯駒。但任猶復戀棧，不願意讓，故董事長仍由他繼續擔任。另外增設兩個常務董事，由張伯駒、劉紫銘擔任，當即通過。劉是天津德興鹽務公司董事長劉壬三之弟，這時握有鹽業銀行大量股票，是個大股東，新近加入董事會。吳鼎昌這時任國民政府文官長，他對鹽業銀行這樣安排，實際仍是他在控制一切。

王紹賢既任鹽行總經理，張伯駒欲從鹽行借貸，當然是要得到王紹賢的同意。

綜合以上三點理由，張伯駒收購《道服贊》與《遊春圖》，都可能是得到過王紹賢的幫助。王紹賢與陸素娟所生之女王志怡是梅蘭芳弟子，今尚健在。據王志怡告知，王紹賢係 1889 年（光緒十五年）生，屬牛，1953 年歿。王紹賢無疑是張伯駒收購書畫的幕後支持者，因而也是一位值得紀念的人物。

除王紹賢外，曾經幫助張伯駒出面與馬霽川談判的馬保山，晚年撰有《張伯駒與展子虔〈遊春圖〉》文，發表於 1992 年 3 月 15 日

《中國文物報》。馬也談到了其經手過程中所了解到的情況，説：

> ……經多次協商，終以二百兩黃金談定。成交之日，請伯駒先生和（李）卓卿（李卓卿是馬霽川的合伙人）同到我家辦理手續。卓卿請來親戚黃姓鑒定黃金成色。他們以試金石驗之，黃金成色相差太多，只有足金一百三十多兩。伯駒先生力允近期內補足，由我作保，李卓卿親手將展卷交與伯駒先生，後經幾次補交，到補足一百七十兩時，時局大變，彼此無暇顧及。
>
> 1970 年，伯駒先生自長春返京，尚問及我"展卷"欠款怎麼辦？我説："形勢變了，對方完了，我也完了，你也完了，這事全完了。"説了以後我二人一同大笑起來。

這一幅《遊春圖》，且不説歷史上之流傳如何困難，僅自溥儀之傀儡政權倒台後流散出來，至張伯駒夫婦將之捐贈國家，使其重歸故宮，凡十年之間即有着説不完之故事。張伯駒亦是感慨繫之，在《叢碧書畫錄》序言裏才寫下了為後世廣為流傳的兩句話：

> 故予所收蓄，不必終予身為予有，但使永存吾土，世傳有緒，是則予為是錄之所願也。

張伯駒寫這段話時，已經幾乎是一無所有；而得此箴言，張伯駒之一生，亦足精彩矣。

（下卷終）

2020 年 2 月 14 日—3 月 14 日北京稿